KB268961

나의 안식년

영성 나들이

장경란 목사

신교횃불

나의 안식년 영성 나들이

2012년 12월 20일 초판 1쇄 발행
지은이 • 장경란
발행처 • 도서출판 선교횃불
등록일 • 1999년 9월 21일 제54호
등록주소 • 서울시 송파구 삼전동 103번지
전　화 • (02) 2203-2739
팩　스 • (02) 2203-2738
이메일 • ccm2you@gmail.com
홈페이지 • www.ccm2u.com

ⓒ도서출판 횃불

영성 나들이

장경란 목사

사람이 자기가 고유하고 있는 자기 가능성을 실현할 수 있게 되었다면 그 사람은 인생 최대의 은총의 사람이요, 성공의 사람이라고 생각한다.

이 책의 저자 장경란 목사님은 나의 소울프렌드로서 성민교회의 생활영성을 지도하고 있는 영성지도자다.

장경란 목사님의 평소 영적 갈망은, 안식년이 되면 그동안 가보고 싶었던 교회 그리고 뵙고 싶었던 목사님들이 섬기는 교회를 순방하면서 예배를 드리고, 받은 은혜를 책으로 내고 싶은 갈망이었다. 실제로 목사님의 안식년은 52주 영성 나들이로 진행되었고, 52주의 영성나들이는 성령님의 이끄심에 따라 "작은 교회, 큰 교회, 도시, 산간벽촌"을 초월하는 영적 여행이었다.

나는 평소 말수가 적은 장경란 목사님이, 마음의 소리를 한 갈피, 한 갈피에 담은 이 책의 원고를 받아보는 순간 깊은 영적 고요에 싸였었다. 그리고 영성 나들이 사역은, 현역에 있는 한국교회 목사로서 실행에 옮기기란 현실적으로 쉽지가 않음을 잘 알고 있기 때문에 이처럼 귀한 사역을 마친 장경란 목사님이 자랑스러웠고 한편으로는 부러웠다.

52주 영성 나들이를 하면서 시인으로서 문인에 등단한 장경란 목사님은, 매주 영성 나들이에서 느끼고 받은 은혜를 순례의 시와 함께 짧은 간증으로 페이퍼 했다. 그런 의미에서 이 책은 장경란 목사님이 52주 성령님과 동행하면서 그린 그림이 세상에 나온 것이라 할 수 있다.

나는 이 책의 독자들은 장경란 목사님과 함께, 52주 영성나들이의 다양한 은혜를 경험하게 될 것이라 확신한다. 그리고 매주 나들이에서 만난, 목사님들께서 전하신 주옥같은 말씀의 우물에서 길어낸 이 책의 성시(聖詩)는 독자들의 깊은 내면을 적시는 생수가 될 것이라 확신한다.

무엇보다 이 책은, 이 책이 만들어지기까지 사랑의 수고로 52주를 동행하신 장경란 목사님의 부군 김석남 장로님의 애정의 땀이 들어 있기에 더욱 큰 감동을 줄 것이라 기대한다.

따라서 두 분의 수고로 만들어진 이 책은, 영적생활을 갈망하는 독자들의 내면을 영적 보물로 채워 줄 것이라 확신하며, 기독교 영성을 추구하는 이들에게 아름답고 귀한 이 책을 추천한다.

김영희 목사 (성민교회)

石蘭
(20代부터 우리 부부가 불러온 우리 부부의 이름)

바위틈 오롯이 피어난 이름 모를 蘭,

비바람도 비켜선 언덕바지 순수하고 은은한 향기

오로지 주님만을 향해 자라기를 소원하는 일편단심의 꽃

빛바랜 세월 속에 그런 청청함을 잃지 않으려
石蘭은,
오늘도 주님과 함께 거룩한 동행의 길을 나선다.

지난 일 년, 하나님의 특별은총 속에, 아내 장경란 목사와 전
국의 교회를 순례했던 시간은 인생에 있어 참으로 귀하고 특별
한 시간들이었다.

주일마다 새롭게 주시는 새 은혜를 사모하며 여러 교단의 교
회를 방문하여, 다양한 경험과 다양한 은혜 속에 많은 생각을 하
게 된 귀한 시간들이었다.

폭우가 쏟아지는 주일, 낯선 교회 주차장에서의 헤프닝, 예배
후 교통이 마비될 정도로 폭설이 쏟아졌던 일⋯.
길치인 아내를 위해 자처한 동행길은 때로는 작은 어려움도
있었지만, 험한 세상에 등불처럼 이 땅 교회들의, 귀한 종들의 ,
귀한 성도들의, 주님을 향한 그 뜨거운 말씀과 찬양과 헌신들은
우리에게 거룩한 도전이고, 감사이고, 새로운 꿈을 제시하는 축
복의 영성나들이였다.

귀한 경험을 통해, 예비하신 미래의 삶에서 어떠한 상황에서
도 좌로나 우로나 치우침이 없이 '주님의 길'을 묵묵히 따라가기
를 소원하는 새로운 기도를 이제 우리는 시작한다.

김석남 장로 (KB금융그룹 KB생명 사장)

내가 스무살 어린 대학생이던 때에, 그저 막연하게(지금 생각하면 주님의 인도하심이었지만) 세 가지 꿈을 노래하고 있었다.

첫째는, 자녀들을 낳아서 사랑과 신앙으로 잘 양육하여, 건강하고 정직한 멋진 민주 시민이 되게 하는 것.

둘째는, 당시 나의 사랑하던 친구(지금의 남편)가, 더 없이 어려운 환경에서도 열심히 공부하고, 장학금 혜택을 받아 학업을 하는 것에 감사하는 마음으로, 내가 어른이 되면 돈이 없어 공부를 못하는 학생들을 좀 돕겠다는 생각.

셋째는, 당시 詩를 사랑하며 국문학을 전공하는 학생으로서, 평생 한 권이라도 좋으니, 아름다운 시집 한 권을 나의 환갑 기념으로 자녀들에게 선물하는 것.

아무 철이 없던 내가 이렇게 소박하고 기특한 꿈을 노래한 적이 있었다.

그리고는 수많은 세월을 주님과 동행하며 여기까지 와보니, 환갑이 되기 전에, 내 작은 꿈의 노래가 완성되어 가고, 이제 더 귀하고 아름다운 새 꿈들을 엮어가게 하심을 감사로 바라본다.

스무살 때 나의 계획에는 없던, 목회의 길을 걷기도 하고, 세 딸과 믿음의 아들들(사위)을 주셨고, 나의 작은 꿈들을 이뤄가

며 말로 다 할 수 없는 은혜와 축복을 더불어 주셨으니 오직 주
님만 찬양할 따름이다.

　하나님께서 새로운 비전을 주시면서, 단독 목회를 내려놓게
하시고, 2011년 안식년과 함께, 내게 특별한 은총을 예비하셨
다.
　목회자로서는 실행이 어려울법한, 1년이란 기간 동안, 그동안
내가 사모하고, 가보고 싶던 교회, 뵙고 싶었던 목사님들의 강단
을 찾을 수 있는 기회를 주셔서, 그 이름을 〔영성 나들이 목회〕
로 정하고, 남편과 더불어 행복한 여정을 시작하게 되었다.
　물론 규모가 작은 교회들도 돌아보고 싶은 마음이 컸지만, 나
를 새신자로 여기고, 가는 곳마다 과분한(?) 친절을 베푸시니,
그 또한 원래의 계획에 어긋나는지라, 조용히 주님을 만날 수 있
는 대형교회들을 중심으로 다니지 않을 수 없었다.
　2011년, 52주. 각 교회를 다니면서, 매주마다 주님께 여정을
여쭤보며, 인도하시는 대로 다니다 보니, 예비해 주신 특별한 은
혜들을 얼마나 많이 경험하게 하셨는지… 가는 곳마다 잔이 넘
치는 하나님의 은혜의 시간이었음을 고백한다.
　본디 유명한 길치인 나를 위해, 다음 주에 방문할 교회의 약도
부터 시작해서, 손수 운전을 해 준 남편 김석남 장로의 외조에
더욱 감사할 뿐이다.

　매 주일 아침 찾아간 교회에 들어서면서부터, 어느 주일은 봉
사지에게서, 또는 예배자인 성도들에게서, 어느 주일은 목사님
을 통해 주시는 말씀의 레에마를 통해서, 그날의 감동을 시로 옮
겨 적었고, 예배드린 그 교회들을 짧게 소개한 것을 모아 책으로
엮어 보았다.

물론 안식년을 허락하실 때 주님께서 내게 감동으로 주신 계획들을, 순종해 가는 영성 순례의 여정이었다.

제한된 짧은 시간 속의 영적 여정이었지만, 그래도 이 땅에는 정말 은혜로운 주님의 교회들이 많이 있고, 더없이 훌륭한 목회자가 많이 계시다는 사실에 감사하고 소망이 넘쳤다.

내겐 너무도 닮고 싶은 귀한 목사님들을 뵈면서 거룩한 도전이 되었고, 예배를 사모하는 그 많은 성도님들의 찬양과 경배의 감동을 잊을 수가 없다.

그 분들을 통해 이 민족이 흥왕할 것이고, 주님의 나라가 아름답게 만들어져 갈 것이며, 열방이 주께 돌아올 것이라 믿어 의심치 않는다.

나는 영성 나들이를 통해, 수많은 소망의 꽃을 바라보는 특별한 축복을 누린 자이다. 이제 새롭게 펼쳐지는 더 아름다운 꿈을 이뤄가며 다가오는 행복한 노년을 노래할 것이다.

이 작은 책자를 대하는 분마다 〔영성 나들이〕를 통해 주님과 울고 웃으며 나누었던 귀한 사랑과 은혜들을 함께 나누고, 평안의 꽃, 행복의 꽃을 피워가기를 소망하며, 안식년 동안 거룩한 영적 고독 가운데 더 큰 사랑으로 나를 덮으셨던 하나님께 깊은 감사를 드린다.

주님, 사랑합니다!

은혜의 동산에서

장경란

차 례

오늘도 내일도
평범한 일상에서
썰물이 없이,
그저 밀물로 밀물로만 다가오는
아픔도, 분노도,
너로 인하여 순교하라
이웃으로 인하여 순교하라
네 가족으로 인하여 순교하라
그 후로 피는 것이
진정한 회복의 꽃 아니런가!

설화

이는 진정
산산이 깨어진 평안에서 피워낸 꽃입니다

수많은 계절, 눈물 골짜기에만 피는 꽃입니다
휘몰아치는 바람
에이는 아픔 속에 피운 꽃입니다

흑암의 깊이도 알 수 없는
그 절망에서 길어 올린
한 모금의 영원한 생명수....
그로 인해
오늘도 마른가지에 그토록
아름다운 순수를 피워냅니다

아픔의 두 손을
홍해 앞 모세의 지팡이처럼
높이, 당당히, 들어 올리는
가장 아름다운 승리의 꽃입니다

1

• **본문**: 마 25:1–13   • **설교제목**: 당신은 어디에 속해 있습니까?

강서구 화곡동에 위치한 이 귀한 교회는, CTS방송 매체를 통해 목사님의 간증을 들은 바 있고, 큰 감동을 받아 꼭 한 번 가보고 싶은 교회인지라, 추운 겨울 아침 [영성 나들이 목회]의 첫 번째 순례지로 정했다.

장애(시각장애와 두 손이 없으심)를 가지고 계신 주의 종으로서 누구보다도 그의 눈이 하나님을 가까이 뵙는 분이며, 그 누구보다도 하나님과 그 손을 마주잡는 분이라 여겨져 큰 감동과 회개와 은혜를 안고 돌아왔다.

교회를 가득 메운 하나님의 백성들의 신뢰 가운데 주님 오시는 그날까지 내외분이 건강하시고 행복하소서!

종소리

세밑 가장 깊은 시간
반세기 저 편 기억 속에 있던
그 종소리가,
열린 새해를 울려댄다

묵은 장맛처럼
깊고 깊은 사랑의 손길이
뗑그렁 뗑그렁 생명줄을 당기고, 올리고….

켜켜이 마른 누룩처럼 엎드린
수많은 아픔, 눈물, 상처…
그 치유를 선언하는 회복의 종소리
새해 축복의 빗장이 열리는 소리

생육하고 번성하고 다스리라!!
네게 복을 주시고 너를 지키시기 원하시는
주님께 송축하라!!
시온에서 네게 복을 주실지어다!!
뗑그렁~~ 뗑그렁~~~

2

• 본문: 창 1:27-28

새벽을 깨우는 교회로 명성이 나 있는, 강동구에 위치한 이 교회의 목사님은 평소 [희망의 설교자]이시며, 순수하고, 겸손하신, 지극히 인간적인 목회자로 여겨져 평소 그 말씀을 많이 사모하였었다.

늘 영혼을 살리시는 희망의 메시지를 전하시는 분으로 익히 알려지신 터라, 새로운 한 해를 시작하는 말씀을 사모하며 송구영신예배는 이 교회로 순례를 떠났다.

정말 뜻밖에도 설교 단상 위에, 내 어린 시절 교회에서 보았던 종탑이 높이 세워져 있고, 2011년 첫 시간에 목사님께서 긴 줄을 잡았다 놓았다 하시며 종을 치시는 데 얼마나 감동이 되던지….

그런 종을 먼저 치시려고 새벽마다 산길을 달려 종종걸음을 치던 내 어머니의 발소리처럼 주님의 사랑의 종 소리가 온 예배당을 울리고 있었다.

님의 동산

맑은 멸치국물에 구수한 국수를 말아먹으며
선한 웃음을 나누는 사람들

해 넘긴 크리스마스 트리에서
묵은 정들이 푸른 빛으로 반짝인다

시린손, 찬바람 부는 장터에서
젓갈팔고, 아동복 팔고…
그런 금쪽같은 정성으로
세워진 님의 동산

어리디 어린 하얀 진돗개 두 마리
잘 키워 성전의 수문장 만든다고
고사리 손들이 정성을 뿌려댄다

사십여 년 여종의 눈물이
극상품 포도원 이랑을 일구고

지금,
님의 동산엔
사랑하는 님의 품에 기대어
춤의 축제가 한창이다

3

• **본문**: 출 12:1–14   • **설교제목**: 넘어가리라

서울시 강동구 상일동, 아담한 산자락의 보듬음을 받으며 정말 행복하게 목젖이 보이도록 찬양하는 하나님의 특별 은총으로 세워진 영성 공동체.

삶과 신앙에서 주님으로 인해 축제로 사는 아름다운 하나님의 사람들….

마침 성례식이 있어 더 감동적이었던 예배였다. 주님의 흘리신 보혈과 찢기신 살과 쓴나물을 먹으며 지난해 아니 수십 년 내 인생의 아픔도, 상처도, 쓰린 회한도, 치유와 용서와 회복을 이루시는 주님의 은혜와 사랑을 눈물 섞은 감사로 올려드린 감동의 예배, 감동의 동산….

"유월절 어린양의 보혈로 넘어가리라!!"

일어나서 함께 가자

엊그제 소한 대한을 지나
언 볼을 쓰다듬듯 찬바람이 싸아 한데
창밖엔 이름 모를 도시의 새들이
저토록 청아하게 지절거린다

"겨울이 지나고 비도 그쳤고…"
반구가 노래하고 무화과 열매 맺는
저 아름다운 동산으로
"일어나서 함께가자!!"

선포된 주님의 말씀이 성전 한바퀴
휘이 돌아 메아리로 돌아오는
그 쓸쓸하고 거룩한 여정...

지친 영혼과 몸을 제단뿔에 내려놓고
날마다 눈물의 배를 띄우는 자여

이제 일어서라!!
지친 무릎을 일으켜 세우고
봄을 맞이하라

새소리를 들어보라
아무리 칼바람에 몸을 움츠려도
저만큼 봄은 오고 있음이여

진정 사랑하는 자여
주님의 손을 잡고
일어나서 함께 가자

4

2011. 1. 16 | 온세교회 | 박유자 목사님

• **본문**: 아 2:10-13 • **설교제목**: 일어나서 함께 가자

노원구 상계동에 위치한 너무나 아담하고 아름다운 하나님의 집은, 아쉽게도 일 년 365일 햇빛을 볼 수 없는 교회이다.

여종의 얼어버린 볼이 여름까지 간다는 추위 속에, 때 묻지 않은 신심이 눈물겹게 사랑스러웠다.

비록 내노라 하는 조건(?)은 없다 해도 시린 상처를 서로 아파하며, 지극히도 아끼는, 그래서 365일 기도의 불이 꺼지지 않는 사랑의 공동체이다.

작지만 튼실한 열매가 가득한 귀한 교회가, 새 봄의 기적의 노래로 가득하길 기도한다.

길

가지 말아야 할 길의 외로움
아무도 도와줄 수 없는 그 길의 막막함이여

깊음이 나를 에웠고
큰 물결이 나를 둘렀나이다

땅이 그 빗장으로 나를 막았으며
내가 산의 뿌리까지 내려갔나이다

무릇 거짓되고 헛된 것을 숭상하는 자가
주의 베푸신 은혜를 버렸사오나
스올의 뱃속에서 부르짖는 신음을 들으시니

스올은 죽음의 무덤뿐이더냐
스올은 어미의 태의 산실이니
새생명을 잉태하리라
새생명의 탄생지가 되리라

주께서 나의 음성을 들으셨나이다
주께서 내게 대답하셨나이다

가야할 길로 가거라
내 길,
나의 길을 따르거라!!!

5

2011. 1. 23 | 두레교회 | 이문장 목사님

• 본문: 욘 2:2–9 • 설교제목: 나를 꺼내주소서

경기도 구리시의 천막으로 세워진 이 교회는 외형부터 친근하고 다감했다. 평소 원로 목사님의 말씀을 사모하여 목회를 하는 동안에도 10여 년이 넘도록 설교 테이프 회원이 되었으므로(신기하게도 내가 모아놓은 수많은 테이프는 우리 집 아래층에 사시는 이 교회의 집사님께서 수거해다가 전도용으로 지금 즐겁게 사용하신다. 할렐루야!!) 서둘러 영성 나들이의 방문지로 선정하고 교회에 들어갔으나… 그 동안 원로 목사님은 존경스런 성품대로 한 발 물러나서 동두천 수도원 사역을 준비하시고, 이제 3부 예배에 말씀을 전하신다 하시고, 겨울 숲 대나무처럼 흐트러짐 없고 청청하신 그래시 주님 앞엔 귀 볼까지 빨개지신 새 목사님께서 담임을 맡고 계셨다. 예배를 마치고 나오니 때마침 하얀 눈이 온천지에 펑펑 내리고… 교통정리 하시는 분들은 그야말로 눈사람이 되셨으나 환하게 빛나는 미소로 일관하시니 더욱 은혜가 넘쳐 흘렀다.

주님의 마음

"주님, 저들이 먼저 변화되게 하소서"
"아니요, 저들이 먼저 깨닫게 하소서"

 남의 탓으로 부르짖는 기도소리가
이 땅을 울리고…

주님의 한숨소리,
열 손가락 깨물어 아프지 않음이 없음을
너희가 모르는도다

차라리
영원하 가망 없을 인생을 위하여
십자가에 죽으시고
죽어도 가망 없을 인생들을 살리시고…

왜 화평케 하는 자를
하나님의 아들이라 하셨는지…
어찌 부활 후 첫 말씀을 '평안'으로 여셨는지…

그 기막힌 사랑을 알고
나는 이른 새벽 눈을 뜨며
한없이 울고 있었다.

6

2011. 1. 30 | 안산동산교회 | 김인중 목사님
• 본문: 롬 11:1-10 • 설교제목: 3%의 영향력으로 성시화를 선포하는 교회

강추위로 얼어붙은 날씨에 찾았던 영성 나들이는 경기도 안산으로 향하고, 초행길의 순례자에게 성전을 친절히 안내하던 유치부 선생님의 섬김이 주님의 제자로 살아가는 아름다운 향기였고, 열정적으로 목회와 교육사역을 하시는 존경하는 목사님은 그새 머리카락 숫자가 많이 적어지셔서 왠지 마음이 짠해 졌다.

3%의 영향력으로 성시화를 꿈꾸고 나아가며, 영직 순결을 지키는 남은 자가 되기를 소망하는, 열정의 목회자와 소박하고 순수한 성도들의 하나님께 대한 찬양의 하모니가, 주님의 힘을 후대에 전하고, 주님의 능력을 모든 사람에게 전하게 하는 귀한 나팔수가 되리라!

주님의 손짓

눈먼 자도 오라
저는 자도 오라
상한 마음을 지고 눈물 골짜기를 걷는 자여 오라

땅에서는 주 밖에 사모할 자가 없음을 아는 자여 오라

불 앞에서 밀이 녹음같이
오직 그 앞에 마음을 토하라
도울 힘이 없는 인생에게 치심치 말지어다

지친 영혼
형제에게도 객이 되고
사모하던 자에게도 외인이 된 자

무시로 피하여 거할 바위 되신
주님 앞으로 나아오라

날마다 내 짐을 져주시는
그 사랑을 바람으로 내 눈이 쇠하기를
원하는 자여 오라!

7

• **본문**: 창 43:1–10　• **설교제목**: 하나님의 설득

　서울 강남. 아직 얼음이 녹지 않은 학교 운동장엔, 사랑의 섬김의 손길에 따라 정연하게 주차가 이루어지고, 열악한 난방기구 주위부터 자리가 찰 정도로 추운 예배당엔, 기도하는 성도들 사이로 입김이 번진다.

　목사님의 저서들을 통해 이미 낯설지 않음인지, 주일 예배가 더욱 기대되고 사모함이 승했다.

　어찌 보면 자신만이 간직하고 내놓기 어려운 그야말로 가정사를, 주님이 주시는 믿음과 용기가 아니면 불가능할 텐데, 성도들의 간증이 눈물겹고 "하나님의 은혜로라!".

　상처 없는 인생이 어디 있으랴만, '어떤 고난도 나의 죄보다 약한 것임을 받아들이는 영석 공동체'로서의 귀한 사명을, 그 어느 곳에서도 불가능(?)한 사역이, 참으로 아름답고 귀하게 날마다 번성해 가고 있음이 자랑스럽고, 주님의 능하심이 놀랍고 감사 감사할 뿐이다.

　주님, 귀한 여종을 강건케 하시고 날마다 평안케 하소서!

분노에 대하여

"여보! 해가 지네!"
"알았어요!"
이웃집 노부부의 금슬이 소문난 이유는
바로 이 한 마디였다네

분을 내어도 분을 품지 말고
오늘을 넘기지 말라시네
아무리 명분 있는 분노라도
거기 사한이 둥지를 튼다네

모세를 보라시네
그는 살인자였으나
40년 광야훈련에서 빚어낸
주님으로 인해 길들여진
그 처절히 통제된 절제
진정한 온유함이여

네 옷을 찢지 말고
네 마음을 찢어라
씨 뿌리는 자의 뜻을 어찌 알리요

힘들어도 어려워도 인내하라
주님의 그 사랑처럼

오늘도 내일도
평범한 일상에서
썰물이 없이, 그저 밀물로 밀물로만 다가오는
아픔도, 분노도,
너로 인하여 순교하라
이웃으로 인하여 순교하라
네 가족으로 인하여 순교하라
그 후로 피는 것이
진정한 회복의 꽃 아니런가!

8

2011. 2. 13 | 분당우리교회 | 이찬수 목사님

• 본문: 엡 4:26-27 • 설교제목: 분통터지는 세상에

경기도 분당의 학교 체육관 교회에서 울려 퍼지는 뜨거운 찬양, 영광! 영광! 온갖 분통 터지는 세상 속에, 세례 요한처럼 그렇게 정도를 외치는 자의 외마디 소리….

그 속에 주님의 음성이 또렷하다.

민족과 세계를 주님의 나라로, 물이 덮음같이 이끌고 나갈 귀한 주님의 종이여!

삶과 사역의 순간마다 주님의 간섭하심이 넘치소서!

은혜로라

주님을 기쁘시게 하겠다고
주님을 위해 무엇을 좀 해보겠다고

어깨를 짓눌러 힘줄을 파열시키는 죄 짐의 그 무게
아사 직전의 경직된 내 자아의 비명소리

율법의 사슬에 묶인 채로
스스로를 끌고 오르는 가늠할 수 없는 비탈길

아! 무언가를 내가 이루려고 가는 그 길이
얼마나 힘들고 버거운 여정인가…

은혜로라!
주의 은혜, 변함없는, 신실하신 주의 은혜
등짐을 내려주시는 주님의 은혜
죽음의 강을 도하하는 그 순간에도
이슬 같은 은혜가 있음에 넘어 온 것
파도처럼 언제나 그렇게 보듬어지는 은혜로라

자유의 날개를 주시는 은혜
주님의 손을 잡고 기쁨과 평안, 즐거움으로
누리며 가는 여정이 이 얼마나 행복한가!

어제의 어둠도, 아픔도, 그 자리건만
이젠 그 속에서도 주님의 눈을 보라신다
손을 잡자고 하신다
누리고 나누고 은혜로 높이 날아오르라 하신다

9

2011. 2. 20 | 만나교회 | 김병삼 목사님
• 본문: 요 1:15–17　• 설교제목: 은혜가 다스리는 삶

'하나님의 임재를 경험한 예배자들이, 예수님의 말씀으로 훈련된 제자가 되어, 성령의 능력으로 지역과 세상을 섬기며' '교회가 이 땅의 소망이다'를 외치는 아름다운 교회는, 귀한 종의 젠틀한 목회자의 이미지와, 하나님 앞에 순수하고 감동적인 영성을 닮아서인지, 주차장에서부터 봉사자의 얼굴에 미소가 명랑하다.

오늘, 지금 주시는 은혜를 누리고 기뻐하며, 그 은혜로 날아오르기를 소망하는, 행복한 예배자들을 만나는 것은 또한 얼마나 큰 감동인지… 변화산 기도회를 통하여 귀한 목사님도, 아름다운 성도들도 날마다 새롭게 주시는 그 은혜 위에 은혜를 누리는 '복있는 자'가 되게 하소서!

하늘나라 펴시고

인생의 어떤 사랑이
아픔과 함께 오고, 아픔과 함께 가듯이
살을 에는 칼바람 속에
버들강아지가 꽃을 피웠습니다

따스한 양지쪽에 몸을 앉힐 때보다
붉은 노을이 바다 길을 열어갈 때
더욱 그리워지는 사랑처럼
채 녹지 않은 눈밭에 홍매 몇 송이가
얼굴을 내밉니다

하늘 가득 보름달이 걸렸을 때보다
기운 초승달, 가물가물 별빛 아래
더욱 눈물 나는 사랑처럼
언 땅 한 모퉁이 새 순이 돋았습니다
물이 없어 기갈이 아니요,
메마른 사랑으로 인해 목이 탈 즈음
밤에 본 바울의 환상처럼
비젼과 소명을 한 소쿠리에 담아
건네주시는 그 무한한 사랑.

활짝, 하늘나라 펴시고
아무도 가지 않은 순수의 땅을
나들이 가게 하시고,
경작하게 하시고,
이제 그득한 열매로 상 주시는
그 크나큰 사랑…

10

• **본문**: 행 16:6–10 • **설교제목**: 밤에 본 환상(설교:조나단 스데반 목사님)

참 예배자들-강남의 한복판에, 예배를 사모하는 이들의 발걸음이 빗속에서 더욱 분주하다.

30분 전에 도착을 했으나, 이미 열린 가슴으로 예배를 기다리는 그 설렘들이 아래 위층을 메우고, 겨우 맨 뒷 자석 하나를 발견했다.

제자 훈련으로 더욱 영적 근육이 든든한, 하나님의 군사들이 정말 사랑스러우시다.

'세상으로부터 부름 받은 하나님의 백성이요, 또한 세상으로 보냄 받은 그리스도의 제자들로서 하나님을 영화롭게 하는 성령충만한 생명의 공동체를 이루는' 하나님의 백성들이, 교회 사방 수백 미터까지 봉사하는 그들의 애씀이 성발 삼동으로 눈부시다.

내 좁은 소견으로 볼지라도, 분명 하나님께서 목회자에게 필요한 많은 조건(?)들-마음 밭, 비젼, 공교한 기술-을 특별하게 부여해 주셨다고 생각하는, 그래서 더욱 거룩한 질투(?)가 나는 목사님은, 한국교회의 리더자로서 손색이 없으심을 믿으며, 주님 앞에 서는 그 날까지 기름 부으심이 충만하게 하소서! 기도하고 또 기도했다.

태초로의 귀향

나는 누구인가,
어디서 왔는지, 어디로 가는지
알지 못하던 그 흑암의 태초에
혼돈과 공허만이 나를 덮고 있었고…

보아도 보암직함이 없고
먹어도 먹음직함을 몰라,
그저 어둠의 수면에 휩싸여
기아로 허덕이던 내 자아여

빛이 있으라 하시니 빛이 있었고
춘삼월 매화 꽃잎을 피워내신
그 은총으로
나를 향하신 당신의 무대,
나를 향하신 당신의 시간표에
지금 노을보다 붉은 참 자아,
한 송이 꽃으로 피워내시고
'함께 살리셨고 함께 일으키사
함께 보좌에 앉히시는'
참된 자유의 깃발을 높이 세우시는
그 무한한 사랑이여…

11

2011. 3. 6 | 성민교회 | 김영희 목사님

• **본문**: 요 1:1-5 • **설교제목**: 태초로의 귀향(설교:김낙귀 목사님)

기도와 기도소리 모아 세워진 교회. 믿음의 사람들 신앙 고백으로 세워진 교회. 사랑하고 존경하는 나의 친구 목사님이 있는 교회. '가는 날이 장날'(?)이라든가?

주님이 이 날에 보너스 은혜를 더해 주셨다.

오후예배(2시 30분)에 부흥성회 3일째 그 마지막 날이란다. 오늘은 분명 주님께서 이모작 은혜를 주시려나보다. "천 번을 불러도 내 눈에는 눈물이…(찬양)…"

부흥강사 목사님의 말씀 "가만히 있는 자에게는, 이길 승산이 전혀 없는 것이다!! 도전하는 삶이 기적을 만든다!!" 할렐루야!!

'영성 가족 공동체' 안에 천국잔치가 열리고, 하나님의 아들들-1인 다역의 봉사자-은 드럼을 치다가, [마하나임] 찬양팀에 서서 찬양대가 되기도 하고, 교사로 어린 영혼들을 안고 어우르는 교사를 하다가, 단 걸음에 성가대 지휘자가 되기도 하고… 큰 군대는 아니지만 분명 잘 훈련된 하나님의 일등 군사임에 틀림없다.

부흥사의 경력으로도 그 연세가 가늠되는 은혜로운 목사님의 말씀도 꿀송이지만, 식당에서 풍겨 나오는 다시마 잔치국수 맛 만큼이나 순수하고 착하디 착해 보이는 성도들이 정말 은혜롭다.

침묵의 은총

괴롭고 외로울 땐 침묵하라
그 때
내가 주님께 가장 또렷이 보임을 앎이라

고독함으로 세상에서
감춰져 있을 땐 침묵하라
그 때
내가 주님을 가장 가까이서
뵙고 있음을 앎이라

그 때
비전이 잉태되고,
비로소
사명이 꽃 피고, 은혜가 꽃피나니

다윗의 찬양으로
기뻐하며 춤추며
주님 다시 오심을 눈으로 뵈옵는 듯
찬양이 하늘에 사무치고
열린 하늘문으로 쏟아지는 은총
온누리 가득한 더 깊은 구원이여!

12

• **본문**: 막 1:35-45 • **설교제목**: 매우 이른 새벽 아침

강북의 한강변에 자리한 아름답고 은혜로운 교회(6년전 내 큰 딸이 결혼예배를 드린 교회).

찬양을 가장 기쁘게 드리는 예배자들을 이곳에서 만났다. 그들에게는 매인 형식도, 무거운 엄숙함도 존재하지 않는다.

다만 어린 아이처럼, 다윗의 몸짓처럼, 남녀노소 모두 다 찬양 속에 큰 기쁨의 춤이 있다.

핑크빛 티셔츠를 입은 성가대의 모습이 은혜가 넘친다.

앞자리에 앉은 젊은 부부와 예닐 곱살 사내아이는, 거룩한 춤으로 이미 성령충만하고… 인생의 눈으로 볼 때는 한없이 약해 보이시는 안쓰러운 목사님은, 말씀의 강단에서 누구보다 능력 있고, 누구보다 그 예리한 눈빛으로 '거룩의 하늘 함성'을 쏟아내신다.

귀한 목사님의 건강을 주님께 간절히 부탁드리고 일어선다.

하나님의 거룩한 자녀로서 세상을 향하여 누구보다 당당해 보이는 성도들, 또한 뜨겁게 경험되어진 주님을 송축하며, 세상을 향해 복음의 큰 나팔을 부는 하나님 나라의 귀한 군사들이여!

지금 하나님께서 울려주시는 하늘의 북소리, 그 응원의 천북 소리를 들으시오! 할렐루야!

매화원

계절을 한 발 앞서
고흥 바닷가 언덕 위
파란 보리밭 한 켠에
해풍에 흔들리는 모진 세월 뒤로 하고
청매화 봉우리가 한창입니다.

그리움을 닮아 아련한 꽃잎은
청자빛 신비로 가는 목을 늘이고
새색시의 청초한 작은 미소
내 마음을 눈부시게 합니다.

봄을 실어오는 한 줌 바람이
매화꽃 귓불을 살짝 흔들 때마다
아픔으로,
사랑으로,
눈물 속에 감추어진 비밀한 행복으로
그런
향내음이 날리고 있습니다.

고흥. 마늘밭 넘어 파란 보리밭, 그 너머로 호수처럼 잔
잔한 드넓은 바다가 작은 섬들을 그득히 보듬고 있다.

나지막한 밭둑을 바람처럼 넘나들며, 연한 냉이의 꽃대
도 꺾어 담고, 씀바귀며, 된장 찌개에 살짝 띄울 만큼의 달
래도 캐고….

해풍이 실어다준 갯내음이 오늘은 달콤하다.

교회 텃밭에서 자란, 겨울 넘긴 상추며, 봄동에, 양지쪽
질항아리에서 금방 떠낸 노오란 된장을 담뿍 얹고, 내외함
도 잊은 채, 큰 쌈을 입에 넣고 오물 오물….

입 안 가득 행복이 침으로 싱그럽다.

갯벌이 삶의 터전인 귀한 성도들을 섬기며, 인생의 후반
기를 서로 기대고, 사랑싸움도 하시며, 그렇게 매일의 부르
심에 순종하시는 목사님 내외분의 건강과 평안을 위해 기
도한다.

주님의 편지

내 어리석은 눈빛으로도
이 아침에 주님의 숨결을 보게 하신다

죽음의 골짜기 마른가지 더미에서 아기 손처럼 앙증스런
노오란 개나리를 피워 보이신다

저만큼 산수유 꽃이 청초함을 흩뿌리고
대갓집 규수처럼 백목련이 고고하다

거센 바람, 폭설에 죽을 힘을 다함인지
굽은 허리 고목 나무
거기에
오히려 실한 봄꽃을 피워내심은
지난 가을 낙엽 속에 생명의 눈을 남겨두셨기 때문이심이라

삼라만상 속에 울리는 사랑의 송가여
이제 막 피어나는 벚꽃 몽우리와 눈 맞춤 할 때
봄 볕으로 오시는 주님의 음성은,
아픈 사랑의 상치에서 피어난 새 살이
어찌 봄꽃만 못 하겠느냐

14

• **본문**: 시편 17:1-15
• **설교제목**: 성도가 죄를 지을 수 없는 이유/의롭게 사는 기쁨을 아는가?

영성 나들이를 통해 느껴지는 한 가지는, 대부분의 모든 교회들이 내부보다 외형이 웅장하고 아름답게 꾸며져 있다는 점이다. 그러나 성남시의 이 교회는, 단순하고 아담한 외형에 비해 그 내부가 훨씬 단단하고 규모있게 꾸며졌으며, 여유로운 공간 배치와 계단식의 회중석이, 보다 더 예배에 집중할 수 있도록 설계가 되어 있다.

우리의 목자이신 예수님의 모습처럼, 누가 보아도 목사님이심을 알 수 있는 외모를 갖고 계시고, 목소리에 힘을 주지도 않고, 화려한 제스츄어를 사용하지 않아도, 그 분을 통한 메시지는 주님을 면전에서 뵈옵듯이 부드럽고 따뜻하고 파워가 넘친다. 그래서 '예수님이 이끄시는 교회'를 강조하셨나 보다.

성도들이 영성일기를 쓰고 계시다니 놀랍고 어찌나 반갑던지… 날마다의 일기 속에서 사랑의 하나님을 경험하는 복 받은 성도들이 되시기를 기도한다.

42 | *43*

어린 아이가 되게 하소서

입을 닫게 하소서
안다고 말하지 말게 하소서
오직 입 속의 입만 열게 하소서
오직 당신만을 말하게 하소서

귀를 닫게 하소서
세상 나팔소리 듣지 말게 하소서
오직 귀 속의 귀만 열리게 하소서
천국의 비밀만을 듣게 하소서

눈을 감게 하소서
세상에서 바보로 불림을 상심치 않게 하소서
오직 눈 속의 눈만 열리게 하소서
열린 눈으로 주님만 바라보게 하소서
어린 아이와 같이 되게 하소서
주님이 아니고는 살 수 없는 인생이 되게 하소서
겸손으로 허리 동이고 깊게 낮추어
천국에서 큰 자기 되게 하소서

15

2011. 4. 3 | 창천교회 | 서호석 목사님

• **본문**: 눅 18:9–14 • **설교제목**: 신앙적 교만을 벗어버리라

100년이 넘는 긴 역사(1906년 창립)를 지닌 이 감리교회는, 내가 34년 전에 결혼식을 올렸던 뜻 깊고도 애정이 있는 교회이다.

이 교회에서 출발한 작은 나의 가정이, 주님 나라에 아름답게 쓰임받는 복 받은 가정으로 이루게 하신 주님께 새삼 감사로 뭉클했다.

당시는 단층의 아담하고 고풍스런 성전이었으나, 지금은 신촌 대학가를 대표하는 웅장한 교회로 변모한 모습이다.

우리 남편 장로님의 '가장 수준 있는 성가대'라는 말처럼, 주님 주신 전문성으로 교회를 섬기고 헌신하는 작은 천사들의 찬양이 참으로 영광스러웠다.

마침 사순절인지라 담임 목사님의 말씀처럼–"사순절은 예수님과 함께 고난과 죽음을 향해가는 순례의 기간이기도 하며 세이레 특별새벽기도회에 성도들이 함께 참석해 예수 그리스도의 십자가의 고난을 묵상하고 경험하며 부활의 감격과 기쁨으로 나아가려는 경건의 기간으로 삼자'– 귀한 교회를 통해 신촌에서부터 거룩함의 회복이 일어나기를 소망하고 기도한다.

새 생명이어라

죽음은 신이 주신 최후의 사명이라던가
동토의 땅, 시린 계절을 이기게 하시고
허물 위에, 온갖 꽃으로 옷 입히사
새 생명으로 날마다 일으키시는 주님

연약함과 허무로 뒤덮힌 무릎을
새 생명으로, 새 사명으로, 하늘나라 소망으로
끝없이 세우시고 세우시는 주님

얼룩진 상처와 근심의 오수를
성령의 기름으로 씻으시고
양의 길이 아닌 목자의 길로 인도하심이여

하나님 궁정의 문지기를 사모하는 자여
하나님의 은혜의 보좌를 발견하라
너를 포기하지 말고 하나님께 기대어라
여기 머물러라! 하는 그곳에서 살지어다
이는 이스라엘의 희망이요
하나님의 소망이 되시니라

16

• **본문**: 시편 23:1-6 • **설교제목**: 아픔이 내 인생에 등불이 될 때

겨우내 얼었던 몸과 마음에, 새 생명의 물이 오르고, 온통 개나리 동산이요, 벚꽃도 덩달아 저토록 아름답게 바람 그네를 탄다.

1958년에 창립하여 수많은 세월을 '삶의 현장을 하나님 나라로' 세우기 위해 '복음 안에서 치유와 회복이 있는 교회, 세상을 섬기며 변화시켜 나가는 교회'로 세워 나가는 순수한 영혼들의 찬양이 아름다운 교회 !

상처 받은 인생들의 아픔을 말씀으로 치유하고 회복시키고 새롭게 하시는 목사님의 말씀도 깊고 은혜로워 감사했으며, 꽃보다 아름다운 네 명의 갓난 아기들이, 부모의 품안에서 귀한 종의 축복을 받는 모습이 천국을 이루었다.

내일부터 시작된다는 '사순절 특별새벽기도회'를 통하여 상처와 절망의 자리에서 건져내신 '은혜의 흔적', 앞으로 살아갈 날의 등불이 될 '십자가의 흔적'이 모든 성도들에게 은혜의 강을 이루게 하옵소서!!

화목제물의 은총

꽃비가 내립니다
제 몸을 떨구어
이젠 온 땅을 하얗게 덮습니다

저 히말라야 산 기슭의 노 부부 선교사님이
두 손 꼭 잡고
지친 자, 병든 자를 찾아
가파른 계단을 수없이 오르듯이
넘어갈 듯 가쁜 숨을 몰아쉬듯이
꽃잎은 제 몸을 바람에 맡깁니다
하늘 아버지께 그 삶을 맡깁니다

꽃비가 내립니다
십자가를 등에 지시고
골고다 언덕을 오르시는 주님
몸을 떨구어 화목제물 되신 주님

만신창이 찢긴 생명 되어
내 목숨 살리시고

고난 주일 아침
그 날처럼
온 천지는 어둡고 무거운 바람이 세상을 흔드는데

꽃잎이 떨어집니다
주님의 은총이 온 대지에 쏟아집니다.

17

2011. 4. 17 | 성민교회 | 김영희 목사님
• **본문**: 롬 3:25-26 • **설교제목**: 화목제물의 은총을 경험하라

가장 사랑하고 존경하는 친구 목사님이 섬기는 교회!!
종려주일 성례식이 있는 날!
온 성도가 가족단위로 강단 앞에 긴 줄을 서고, 떡을 떼고 "주님의 몸입니다! 아멘!! 포도주를 받고 주님의 보혈입니다! 아멘!!" 감사로, 감동으로, 주님의 화목제물의 은총을 경험하는 복된 장소, 복된 시간들….
주님의 생명으로 충만한 하늘나라 백성들의 얼굴이 성령으로 충만! 예수님으로 충만!

어린 시절부터 '할미꽃'에 대한 '각별하고 아름다운 애정'이 있는 나에게, 교회 동산에서 나를 반기는 '어머니의 비로도 치마'처럼 보드라운 자줏빛 그 꽃잎이, 오늘은 주님의 사랑으로, 주님의 각별하신 은총으로 내게 오셨다.

너무 외롭다고 울었습니다
벌거벗은 채
수치로 몸을 떨며
겨울 산짐승처럼 목을 놓았습니다

앙상한 가지
가슴앓이 칼바람을
이가 시리도록 인고의 시간을 보냈습니다

봄은 오고야 마는 것을···
예비된 은총
얼마나 많은 날
저 푸르른 생명을 통해
부활이 있음을 알려주셨건만

악은 모양이라도 버리라
네 적은 죄에 관대하지 말라
부활의 아침에 주시는 크나큰 은총
십자가에서만 피워지는 꽃

의의 옷을 입히시고
화목을 이루시고
내게 쏟아지는 기쁨
부어지는 즐거움의 화관
차고 넘치게 하시는 부활의 생명이여!

18

2011. 4. 24 | 청운교회 | 이필산 목사님

• **본문**: 롬 5:10-11 • **설교제목**: 화목하게 된 자

서울 강남의 이 교회는, 건축 디자인 대상을 받은 만큼, 참으로 아름다운 하나님의 집이다.

'꿈이 있고 평안이 있으며 치유가 있는 행복한 교회'이다.

부활주일 아침, 죽음처럼 앙상한 겨울 나무에 물이 오르고 꽃이 피듯이, 죽음의 영혼에서 우리를 살리시고….

날마다 달마다 풍성한 생명으로 새롭게 하시는 주님을 찬양하는 그들(찬양단)의 영혼의 울림은 가히 최고의 수준이었다. '거룩한 바통터치'의 새 경주자인 목사님의 겸손함과 깊은 영성이, 아름다운 교회보다 더욱 빛을 발하신다

예배 후 정갈하고 아름다운 로비에서 벌어진 유치·아동부 아기들의 '에그 콘테스트'를 관람하며, 사진 촬영도 하고, 뭇 성도들과 부활절의 기쁨을 함께 하는 영광을 누렸다.

세례 요한처럼

5월이 이토록 아름다운 건
비 개인 동산의
만 가지 꽃 잔치 때문이 아니요

상급으로 주신 자식을
심령이 강한 자로 세우기 위한
어미의 눈물이 있기 때문이라

모든 보이는 것은,
보이지 않는 것으로부터 나옴을 알게 하시고

어린것의 심령이
순간마다 하나님을 만나는 곳이 되게 하시고
온유한 심령을 주시어
선에 대한 타는 목마름으로
그 마음이 가난하게 하시고

주님 나라를 사모함이 승하여
은혜의 눈물샘이 마르지 않게 하소서

여호와의 주신 기업이
그 심령이 강하여
장수의 수중의 화살 같게 하시고
빈들에 내버려 두어도
진정
하늘 길을 잃지 않게 하소서

19

2011. 5. 1 | 남서울은혜교회 | 홍정길 목사님
• 본문: 눅 1:80 • 설교제목: 영적 성숙(어린이주일)

'그리스도 사랑의 계명과 선교의 사명에 헌신함으로 하나님을 영화롭게 하는 제자공동체'

이 땅에 많은 교회들이 주의 종들이 하나님의 지상명령을 감당함에 있어 어찌 게으름이 있으리요마는, 강남의 이 교회는 특히 온 성도들이 귀한 목사님과 더불어 소외된 이웃의 발을 씻기는 주님의 심정을 읽을 수 있는 그래서 더욱 이 시대의 대형교회가 무엇을 해야 하는가를 소리 없이 외치는 아름다운 공동체였다.

장애가 있는 자식의 어머니가 "내 자식이, 내 앞에서 몇 일 먼저 하늘나라 가기를" 소원하는 피맺힌 절규를 모른 체 하지 않고, 장애아들의 행복한 학교를 세우고, 그들이 부모의 도움이 아니어도, 주신 생명을 존귀하게 살아갈 수 있는 터전을 간절히 기도하는 아름다운 교회! "주님 이 곳에 주의 은총이, 응답하심이, 순간마다 임하여 주옵소서!"

어머니의 기도

눈물의 자식
눈물의 기도로 키운 자식은
망하지 아니하나니
어거스틴의 고백록은
모든 신자의 고백입니다

지도자가 지도자답지 못하면
슬픈 시대요,
어머니의 모성(母性)이 모성답지 못하면
자녀의 슬픔이요
어머니의 사랑을 거슬러 올라보면
곧
창조주 하나님의 사랑일지니
약한 모성으로 시대를 슬프게 하는 자
되지 않게 하소서
원컨대
내 자식들이,
하나님의 자녀들이,
착하고, 성령충만하고
지혜롭고, 충성된 청지기가 되게 하소서

교회를 어머니처럼 받들지 않는 사람은
하나님을 아버지라 부를 수 없나니
어미가 먼저 모성(母性)을 회복하게 하시고
성령의 능력으로
교회를, 모두를 끌어안는 자 되게 하소서

20

2011. 5. 8 | 성락성결교회 | 지형은 목사님
• 본문: 잠 1:7–9 • 설교제목: 어머니라는 여인이여(어버이주일)

서울의 강남과 강북을 잇는, 사연 많은 다리(성수대교)를 건너서 가까운 곳에, 새 성전을 아름답게 건축하고, 귀하신 원로목사님의 뒤를 이어, 참으로 깊은 영혼의 젊은 목사님이 섬기시는 교회.

목사님의 설교말씀의 깊이는 익히 알고 있었지만, 가까이서 뵙는 목사님의 말씀 선포는 한마디로 '신선한 충격'이었다.

설교 말씀이 빛나는 것은, 설교자의 아름답고 선한 인품에서 나온다고 나는 생각해오던 터라서인지, 모든 면에 탁월한 목회자로서의 '갖춰짐'에 대하여, 설교의 더할 나위 없는 깊이와 큰 감동은, 다시 한 번 기독교의 밝은 미래의 희망을 보았고, 그 감동이 한 주 내내 떠나질 않았다. 교회 마당에서 펼쳐진 바자회에도 사랑의 활기가 넘쳤고, 유치부 아기들의 그림 전시회에 들러 셔터도 눌러보았다.

형제 자매들이여! 이 교회 성도인 것이 얼마나 행복한 일인지 아시는가! 할렐루야!

빛 되신 주님

말씀으로 오십니다
생명으로 오십니다
이 시간도 빛으로 오십니다

우리의 섬김이, 믿음이, 사랑이
우리의 사모함이 커질수록
더 큰 그 분을 경험할 수 있습니다

어두움에 엎드러져 빛을 잃은 자
주님을 배척하는 어떤 백성에게도
어두움을 이기신 생명의 빛으로
끝없이 지금도 언제나 빛을 비추시어
마침내
자녀로 삼으시는
그 놀라운 사랑, 은혜…
어두움에 싸인 절망, 두려움이 사라지고
빛으로 둘린 새 능력, 소망, 기쁨의 춤은
그 사랑의 길이와 높이와 깊이와 너비로
승리의 깃발 되어
더 높이 높이 휘날립니다.

21

• **본문**: 요 1:4-13 • **설교제목**: 사람들의 빛이라

분당의 은혜로운 교회. 아름다운 세대교체를 통해, 미국 이민1.5세대로서, 인격과 신앙이 푸르고 청청한 목사님.

지혜롭고, 성령충만하시고, 넓은 마음을 소유한, 최고의 사명자이심을 믿어 의심치 않는다.

주보에 게재된 '스승의 날 가져보는 목사님의 묵상'이란 글이 감동을 주기에 그 글 중에서 간추려 보았다.

〔"나무를 무척 사랑하는 미국 사람들 가운데서 이런 속담이 전해집니다. "나무를 심기 가장 좋은 때는 20년 전이었다. 그러나 그 다음으로 나무를 심기 좋은 때는 오늘이다." 스승의 주일인 오늘 선생님들을 축복하며 권면합니다. 여러분은 나무를 심는 귀한 자리에 있습니다. 20년 후에야 최종적인 결과를 볼 수 있는 작업을 지금 하고 있는 것입니다. 당장 열매가 보이지 않는다고 포기하지 않으시기를 바랍니다. 이 시대가 그 어느 때보다 교육 환경이 열악해져 있다고 알고 있습니다. 대학 입시만을 위한 교육, 그래서 전인적인 교육이 무너져 버린 것을 온 사회가 함께 인식하고 있는 때입니다. 언제 이렇게 되었느냐고 비난 할 수 있습니다. 20년 전에 왜 아무도 교육 시스템을 바로 잡지 못했느냐고 안타까워 할 수도 있습니다. 그러나 꼭 알아야 할 것은 20년 전이 나무 심기 가장 좋은 때였지만 그 다음으로 좋은 때는 바로 오늘이라는 사실입니다. 오늘 그 자리에서 귀한 나무들을 심어주십시오. 그리고 향후 20년 거복으로 우리 사회와 온 세상에 우뚝 서 있을 인재를 오늘의 수고로 낳아 주십시오. 이제 새로운 비전을 갖고 우리 자녀들을 양육해야 할 때입니다. 장차 하나님 나라에 거목처럼 우뚝 서 있을 우리 자녀세대를 믿음의 눈으로 바라보며 그런 비전이 주어질 때 우리는 오늘의 수고를 마다하지 않고 더욱 빛날 주님 나라를 위해 전진할 것입니다."〕 할렐루야!

길 찾는 자여

오늘 네가 웃는 그 맑은 웃음은
네 안에 거하시는 하나님의 웃음이요
지금 너의 즐거운 몸짓은
네 안에 거하시는 하나님의 춤이심이라

성령의 충만으로
말씀이 파도치고 찬양의 감동이
네 영혼의 산을 휘감을 때
너는 마음껏 웃으라, 마음껏 울라

하나님 앞에 누가 어른이며
주님 앞에 그 누가 아이가 아니런가
평생 쌓아온 너만의 보배를 내려놓고
주님의 나팔에 맞추어 노래하라
두 팔을 휘저어 춤을 추라
하나님을 기쁘시게 하라
게 서있는 자리에서 치료와 회복의 꽃이 피고
그 나라가 이루어짐을 노래하며
광야에서도 너는
쓰임을 받을지니라

선택의 기로를 두려워 말라
주님이 곧 길이시거늘
그분과 동행하면
거기가 네 최선의 길이 될지니라

22

2011. 5. 22 | 소망교회 | 김지철 목사님
• **본문**: 요 14:5-11 • **설교제목**: 길을 찾는 사람

이른 예배(9:30)엔 중년의 부부들이 대부분이었고 아래 위층엔 빈자리가 없다.

최근 교회적으로 어려운 큰 아픔을 겪었으나, 교회는 주님의 몸인지라, 주님의 간섭하심과 섭리 가운데 더 큰 평화와 소리 없는 거룩의 변화가 느껴졌고, 예배를 더욱 경건하게, 신령과 진정으로 드리는 모습이다.

백발이 성성한 깔끔하신 노신사(장로님이신듯)의 차량 인내는, 살아오신 연륜 속의 곧은 인격과 명예보다 훨씬 큰 아름다운 겸손의 면류관으로 보이시니 은혜가 넘친다.

시대와 기독교 역사를 이끌어가는 대형 교회로서, 아니 그런 목회자로서 귀한 목사님의 건강과 성령의 충만함을 기도하며, 교회 앞 공원 벤치에 잠시 머무르며 비 개인 산뜻한 햇살을 누렸다.

완전한 데로 나가라

사랑하는 형제여
죽은 행실의 회개함으로
눈물의 바다를 이룬 자여
그리스도의 도의 초보를 버리라

귓전을 떠도는 적은 소리에
떨고 두려워하지 말라
이제 강한 심령을 가지고
그리스도의 견인에 힘입어 살라

은혜를 사모하라
가시와 엉겅퀴를 키우지 말라
주께서 허락하시면
우리가 이것을 하리니

이미 섬긴 것과 이제도 섬기고 있는 것을
잊어 버리지 아니하시는 은혜로
네 발 뻗는 자리가
물댄 동산이요 축복의 동산이 될지라

거기서 게으르지 아니함과
믿음과 오래 참음을 가꾸라

하나님의 약속을 기업으로 받을 자여
너희가 크나큰 능력이 있음이 아니요
크나큰 하나님이 그대를 쓰심에 감격하라
오로지 그로 인해
일평생 은혜의 눈물로 주님을 뵙는 은총을 누리리라

• **본문**: 히 6:1–12 • **설교제목**: 완전한 데로 나가라

'조그만 믿음의 행위들이 모여 큰 은혜를 이룹니다. 조그만 일을 하면서 큰 은혜를 생각해야 조그만 일들도 방향을 잡습니다.' 아멘!! 예배 전 뜨거운 찬양이 드려지는 교회를 나는 사모한다.

자유로를 달려 호수공원에 인접한 주님의 교회는, 크고 웅장함과 비례하여 아름답고 성령 충만한 찬양단의 섬김이 단연 돋보인다.

언제나 처럼 예배를 마치고 성도들이 거의 자리를 비웠을 무렵, 나는 사진촬영을 하고 일어서는데, 군데 군데 성도들이 자리를 뜨지 않고 깊은 기도를 하고 있다. 그만큼 단상에서 선포된 말씀에 은혜가 넘쳤기 때문이리라!!

착한 행실과 부지런함으로 교회를 섬기는 모든 하나님의 사람이여! 이제도 그랬던 것처럼, 하나님을 꼭 붙들고, 기도하며, 순종하며, 평생에 주께 쓰임받기 원하며, 오늘도 거룩한 벧엘로 올라갑시다!!

노(老) 권사님의 기도

하나님 아버지시여
죽어 마땅한 죄인들을 구원해 주시니 감사합니다
우리를 살리시려 십자가를 지시고
못 박히시고 죽으시고
그 피의 공로로 죄인된 우리가
하나님의 자식들이 되게 하셨으니 감사합니다

아무 공로 없고 부족한 이 노 딸이
오늘 기도하게 하시니 감사합니다
귀하고 복된 날 하나님의 백성들이
교회로 모여서 예배드리게 하시니 감사합니다

우리 모두의 허물을 용서하시고
주님의 보혈로 정결케 하여 주시옵소서
우리에게 믿음에 믿음을 주시고
남은 생명 주의 일 하다가 천국가게 하여 주시옵소서

우리 교회를 날마다 부흥케 하여 주옵시고
이 지역이 복음화 되게 하여 주시옵소서
우리 목사님을 복주시고

사명 감당하기에 부족함이 없도록
건강주시고 성령으로 충만하게 하여 주시옵소서

열심히 봉사하는
우리 반주자를 축복해 주시고
믿음 주시고 시마다 때마다
좋은 일만 있게 하여 주시옵소서

모든 성도들 가정에 복 주시고
주의 군사 되어 충성 봉사하게 하여 주시옵소서
나라와 민족과 대통령께 복을 주시옵소서
오늘 목사님의 말씀에 기름 부으시고
그 말씀대로 살아가게 하여 주시옵소서
아무 공로없는 죄인 예수 그리스도의 이름으로 기도하
옵나이다. 아멘!!

24

• **본문**: 마 18:21–35　• **설교제목**: 진정한 용서

　　강원도 양양. 내일이 21주년이 된다는 농촌의 작은 교회. 그을린 얼굴과 손으로 기쁨의 찬양을 드리는 귀한 성도님들.

　　백발의 팔순을 넘긴 듯한 노(老) 권사님의 기도가, 순례자를 눈물 나게 한다. 무슨 배움이 크시리요마는 평생을 하나님의 자녀로 살으신지라, 하나님이 주신 지혜와 성령의 충만함으로, 그 기도의 울먹이는 음성이 한없이 뜨겁고, 차라리 눈물겹다.

　　인생의 마지막 여정을 주님과 함께 동행하는 권사님의 기도가 어찌 하늘에 사무치지 아니하리요….

　　여남은 성도들을, 사랑으로 섬기며 오늘도 주님과 동행하시는 목사님, 권사님, 성도님들에게 주님의 사랑과 은총이 날마다 더욱 부어지게 하여 주시옵소서!

주님의 뒷모습

아직
그 누구를 품어줄 넓이가 부족함을 알거든
적어도 입술로 그 누구를 찌르지는 말라

위로의 눈망울로 눈을 맞춰줄 사랑이 없거든
네 눈빛으로 인해 누구의 가슴을 찢지는 말라

공로 없이 주어진 은총의 에봇 앞자락에
교만의 땟국을 묻히지 말지니

진정 슬프게도
아무것도 깨달을 수 없거든
그냥 주님을 바라보고 있으라
선홍빛 은총을 바라보고 있으라

그대들의 옷자락에 매달린 방울소리가 들리는가
아직 살아있음의 은총을 깨닫거든
두려움과 떨림으로
오늘 주님의 음성을 들으라

저 군중 속에
아무도 바라보는 이 없는 주님의
쓸쓸한 뒷모습
어린양이여,
잊지 않고 손바닥에 새기시는 주님의 사랑을 보라
말씀 속에서 솟구치는 그 구원을, 미래를, 꿈을 바라볼
지니

그대들은 정녕 무엇을 향해 가고 있는가
무엇을 잡으려고 지금 가고 있는가

25

2011. 6. 12 | 무학교회 | 김창근 목사님

• **본문**: 사 49:14–21 • **설교제목**: 나는 너를 잊지 아니하리라

오랜 역사를 지닌 강북의 이 아름다운 교회는, 오랜 전통 때문인지 유독 신앙의 연조가 깊어 뵈는 어르신들이 많이 계심이 특이한 교회였다.

예배를 마치고 쏟아져 나오는 성도들을 따라 아주 느리게, 홀로, 뒤따라 가시는 목사님의 뒷모습이, 왜 그 순간만큼은 쓸쓸한 주님의 뒷모습으로 보였는지, 한 주 내내 귀한 목사님을 중보하는 특이한 경험을 하게 된 교회이다.

65년의 역사가 말해주듯이 '예수의 제자가 되고, 예수의 제자를 낳아 지역과 민족과 열방을 섬기는 건강한 교회'를 세우는 것이 이토록 아름다운 교회의 비전이다. '전국 목회자 세미나' 기간 중에 민박으로 섬기실 귀한 성도님들께 크나큰 은총과 축복이 넘치길 기도하며, 이틀 후에 떠날 허부농장에서의 '태신자와 함께 떠나는 야유회'가 주님 안에서 큰 축제가 되길 바란다. 또한 사회부에서 심어지는 [사과나무]가 매일 매일 자라서, 긍휼과 자비의 열매가 풍성히기를 기도한다.

나의 목자

내겐 정말 좋은 친구가 있습니다
내가 마음이 지쳐 울어대면
나보다 더 큰 소리로 울어주십니다
걱정이 태산이라 한숨소리 깊어지면
내 등을 말없이 토닥여 주십니다
우리에겐 아무 비밀이 없습니다

내겐 정말 좋은 신랑이 있습니다
그 눈에선 언제나 따뜻한 사랑이 흐릅니다
아름다운 동산에서 두 손을 잡고
사랑의 왈츠로 발을 맞추기도 한답니다
영원히 함께 살자고 날마다
새끼 손가락을 걸어 주십니다

내겐 정말 좋은 목자가 있습니다
나의 체질을 아시고, 진토임을 아십니다
나를 위해선 목숨까지 버리신 분입니다
내가 그 분 없이는 살 수 없는 존재인 것을
너무나 잘 아시는 분이십니다

내 인생의 최고의 기적은,
내가 그의 사랑이 된 것입니다
그 분은 나의 선한 목자이십니다

26

2011. 6. 9 | 오륜교회 | 김은호 목사님
• **본문**: 요 10:11-16, 26-27   • **설교제목**: 나는 선한 목자라

강동 지역에 위치한 교회. 예배 전 주차하려는 행렬 속에서부터 주님 사모함이 느껴지는 젊고 건강한 교회.

찬양과 말씀이 하늘에 사무치는 예배! 예배자들!

성도의 신앙생활이 행복하고, 그 행복을 선교를 통해 열방과 나누는 아름다운 교회로 보여진다.

'하나님께는 YES, 사탄에게는 NO!' 라고 외치는 귀한 성도님들께 주님의 이름으로 '파이팅!'을 외쳐본다.

〈하나님의 임재가 충만한 교회, 주님 오실 길을 예비하는 교회, 영향력 있는 사람을 세우는 교회, 섬김과 나눔을 실천하는 교회, 다음 세대를 준비하는 교회〉를 5대 비전으로 세운 아름다운 교회, 아름다운 목사님, 아름다운 성도들이시여! 주님 오실 그 날까지 그 행복한 신앙의 행진이 계속되길 기도하고 떠났다.

빗속의 노래

이 아침이
주님의 섭리 안에서 열려지고 있습니다
어제 고심으로 계획했던 일들이
얼마나 어리석은 몸짓이었는지…
만물 중 부패한 것이 사람의 마음이라
그래서 내 뜻대로 아니됨을 알았습니다

채색옷을 입었던 세월보다
깊은 고난 중에 더욱 주님 앞에
진지한 삶을 엮었던 요셉처럼
내 삶을 주관하는 것은 대장 보디발이 아니요
고난 중 더 큰 섭리로 손을 잡아주시는 주님이십니다

나보다 더 아픈 삶의 이야기들을
감옥에서 비로소 보게 하시고
내 슬픔의 아픈 장애물을 뛰어 넘게 하사
나를 팔아넘긴 형제들도 이해하게 하시니
고난이 유익이라
생명의 공급자로 새롭게 하시는 주님의 은총입니다

태풍으로 만물이 넘어지고 휘어집니다
눈물과 아픈 상처 속에서도
지금 주님 사랑의 품안에 있음을 알아가고 있습니다
고난도 용서하고, 삶도 용서하며
내 모든 것의 답이 주께 있음을 찬양합니다

27

2011. 6. 26 | 정동제일교회 | 송기성 목사님
• **본문**: 창 50:15–21
• **설교제목**: 계획(Plan), 문제(Problem), 기도(Prayer) (설교: 천영태 목사님)

바램 같아서는, 햇볕 좋은 아름다운 날 찾아가서 예배드리고, 사진도 찍고, 좀 더 오래 머물다 오고 싶은 교회였으나, 오늘따라 태풍이 지나가는 중이고, 장맛비가 거세게 내려서, 날아가는 우산에 매달려서 교회에 들어섰다.

하나님의 특별하신 섭리 가운데, 새벽이슬 같은 청년 선교사(아펜젤러)님을 통해, 이 땅에 최초의 개신교가 세워지고, 120여년 동안 하나님 사랑과 민족 사랑을 통해, 기독교 문화와 사회 전반에 걸친 교육, 계몽, 의료, 선교사업 등의 위대한 업적을 이루게 하신 하나님을 찬양하고 찬양한다.

파이프 오르간에 맞춘 '웨슬리 찬양대'는 그야말로 천상의 하모니가 아닐까! 마침 담임목사님이 안 계셔서 섭섭했지만 그도 잠시, 며칠 배앓이를 하셔서 죽을 잡숫고 오셨다고 하신 부담임 목사님의 설교말씀은 정말 '문화재 예배당' 만큼이나 명품이셨다. "목사님 절대 죽 쑤지 않으셨습니다!!"

귀한 교회가 주님 오시는 그날까지 이 민족과 열방을 향한 주님의 섭리를 아름답게 이루소서!!

성령의 바람 불어와

빛을 입으시고
구름으로 자기 수레를 삼으시며
바람 날개로 다니시는 성령
내 삶의 뒤편에서
언제나 권능의 바람을 일으켜주시니
이제 레바논의 백향목 되어
여호와의 雨澤에 흡족함을 노래함이여

바람으로 자기 사자를 삼으시며
화염으로 자기 사역자를 삼으시는 권능으로
죄의 사슬 된 세치 혀를
급한 바람으로 찍어 결박시키시고
생명의 언어를 심어주사
주님과 비밀을 나누게 하시는 축복이여

무풍지대에 큰 인물이 날까보냐
심산준령 모진 폭풍 속에서도
 인생 허리춤 낚아채 잡으시고
쉼 없이 흔들리는 어지럼을 이기게 하시
마침내
견고한 뿌리를 깊이 내리게 하심이여

한 세기 저편에서 역사하셨듯이
지금 여기서도 동일한 바람을 일으키시니
광대하심과 존귀의 바람을 깊은 품속에 품고
오늘도 상승하는 삶으로 날아오르리니
이 아침 천지간에 울리는 하늘의 음성은
"유업을 받을 자여
바람에 잡힌 자 될지어다!"

28

2011. 7. 3 | 연동교회 | 이성희 목사님

• **본문**: 시 104:2–5, 행 2:1–4　• **설교제목**: 바람같은 성령

　시대와 역사의 중심의 땅 종로. 그 곳에 한 세기를 훌쩍 넘긴 거룩한 역사의 터전 위에, 강한 성령의 역사하심으로 견고한 하나님의 교회를 든든하게 구축하고, 이제 성령의 부르심을 따라 온두라스에서 몽골로, 소말리아로, 우간다로 복음의 나팔수 되어 헌신하는 아름다운 교회.

　마침 성례주일이어서 거룩하고 은혜로운 성찬예식에 참여하는 은총을 누리게 하시는 하나님께 찬양!! 눈 같이 흰 한복을 입은 권사님(?)들의 성찬 예식 준비하는 모습이 하늘나라 천사들을 연상케 한다. 내일 몽골 선교를 떠난다는 청년부와 목사님께 성령의 바람이 불어 넘치기를 기도한다. 할렐루야!!!

연합의 향기

우리의 형상을 따라
우리의 모양대로…
주가 친히 가르치셨나니

엄지 손가락 세워
가장 기뻐하는 도구로 연합을 꼽으시고
연약한 자들이 사랑의 띠를 엮게 하사
어찌 그리 선하고 아름다운고
당신의 어깨를 내주시는 은총

은사의 무거운 봇짐을 자랑치 말라
인품이 어진 자를 찾으시나니
인생 중심으로 연합하지 말지라
주님의 가치로, 비전으로, 생각, 마음으로
입을 모으고, 뜻을 모아 연합할지라
일에 주목하여 매이지 말고
사랑에 목마른 사람을 보아라
관계의 축복을 사모하고 가꾸라
화목의 공동체, 은혜의 공동체에
축복의 샘이 솟고, 꽃이 피리니

분열의 어둠이
소리치며 떠나리라

29

2011. 7. 10 | 충신교회 | 이전호 목사님
• **본문**: 행 6:1-7 • **설교제목**: 충성은 연합하는 것이다

강북 한강변에 들꽃처럼 소박한 향기를 풍기는 공동체의 아름다움.

주님께서도 평안히 머무르시리라 여겨지는 영혼의 쉼터!

아름다운 세대교체를 통해 본을 세우고 열방을 향해 선교하는 믿음직하고, 든든한 교회.

'기도로 성전을 세우게 하소서.' 성전 터에 중보기도실을 세우고 온 성도가 시간을 정해 기도의 불을 꺼트리지 않는 은혜의 행진이 지금 진행되고 있다. 할렐루야!!

7월에 많은 행사 중, 사랑스런 어린 영혼들이 '여름수련회'와 '여름성경캠프'를 통해 주님을 만나는 체험이 꼭 있어지기를 기도하며, '살아계신 하나님의 영광을 보는 교회'로서 "연합하세요!!"

언덕을 떠나서

바람 잔 언덕에 앉아
네 양무리가 넉넉함을,
네 소떼가 그득함을 자랑치 말라
지식이 많아서
돈이 많아서
세상 잡것이 너무 많아서
주님 앞에 순전함을 잃어버리나니

황금시간 드렸다고
천만 번 금식했노라고
다함없는 목숨을 드렸어도
널 구원하신 주님 앞에 자랑할 것이 없나니
신앙의 굳은 심지 세워
추호도 흔들림이 없으라

이제 곧 닻줄을 끌러 깊은 데로 가라
얕은 물가에서 두려워하는 자여
언덕을 떠날지라
배를 띄우라
저 망망한 바다

은혜의 바다로 네 노를 저어라
네 그물이 차고 넘치리니
네가 정녕 사람을 취하리라

30

• **본문**: 눅 5:1–11(설교:필리핀 선교사님) • **설교제목**: 온전한 헌신

긴 장마가 끝난 다음 날, 반포의 교회로 가는 길은 맑고 청아하다. 기도원에서 성령세례 받고 내려 오던 그 날 아침처럼, 온갖 푸르른 나뭇잎들이 빛처럼 반짝이며 춤을 춘다.

붉은 벽돌의 아담하고 아름다운 성전에 들어서니, 파이프 오르간의 아름다운 찬양이 나를 맞아준다.

좀 섭섭하게도 담임 목사님은 필리핀에 방문 중이셔서 부재중이셨고, 대신 필리핀에서 선교하시는 목사님께서 말씀을 인도하신다. 선교지의 이야기는 언제나 신선하고 뜨거운 감동을 준다.

'이스라엘 찬양대'의 아름다운 성가도 감동적이지만, 파이프 오르간 연주 또한 큰 감동을 주었다. 예배 후의 성도들의 모습에서 유난히도 차분하고 조용한 분위기가 느껴져, 주보에 기재된 것처럼 새로운 담임목사님 청빙을 위한 기도 제목과 연관이 있지 않을까 하는 생각을 하며 오르간 연주가 끝날 때까지 기도했다. "멀리 선교지에 계신 담임 목사님과 늘 동행하시고, 이 성전을 향한 하나님의 뜻이 하늘에서 이루어진 것 같이 땅에서도 이루어지게 하옵소서!"

너는 나를 따르라

남의 하인을 판단하는 너는 누구뇨
그것이 네게 무슨 상관이냐
그 섰는 것이나 넘어지는 것이
제 주인에게 있으매
그 세우시는 권능이 주께 있음이라

아비가 신포도주를 먹으매
그 자식의 이가 신 것이냐
자기를 부인하여
자기 십자가를 지어야 하거늘
예수를 부인하는 자여
회개하라 천국이 가까웠느니라
모든 혀가 하나님 앞에 자백하리라

혀를 다스리라
한 입에서 찬송과 저주가 나는도다
만군의 주도 모욕을 당하셨나니
악한 자의 험담에 상하지 말라
오직 주님의 음성을 듣고
그만 따를지니

죄 된 네 심령이 회복되고
생명의 길로 인도하시리라

남의 손에 든 것을 부러워 말라
그로 인해 주님을 원망할지니
자족하는 마음이 경건의 유익이요
주님의 주권에 승복할지라
주께서 너를 어디로 데려가시든지
순종하고 따르라
다른 이에게 상관치 말고
"오직 너는 나를 따르라!"

31

• **본문**: 요 21:22   • **설교제목**: 네게 무슨 상관이냐(설교 : 유재진 목사님)

장마가 끝나 상쾌한 주일 아침, 정확히 33년 전, 백일도 채 되지 않은 아이를 안고 우리 부부가 출석했던 교회로 향했다. 그 당시엔 강북에 있던 엄숙하고 경건한 예배당이었는데 지금은 강남에 아름답고 고풍스런 새 성전이 세워지고, 존경하는 목사님은 젊은 시절부터 건강이 좋지 않아 보이셨는데, 이제 연세가 많으신 어르신이 되어 저만큼 물러나 계시지만 건강하게 장수하시니 주님께 감사할 뿐이다. 담임목사님은 선교지에 가셨는지 아니 계시고 부목사님의 설교 말씀이 1급 청정수처럼 맑고 투명하시다. 그간 33년의 세월 속에, 이 성전에 함께 하셔서 부흥의 역사를 이루신 주님의 은혜와 이 부족한 여종에게 섭리하신 말로 다 할 수 없는 축복으로 인해, 감사의 눈물을 절제하기 어려운 시간이었다.

사랑하는 형제여
모든 자비하심을 입은 자여
너의 존재를 찬양으로 드리라
경배로 드릴지라

오직 믿음으로 구원을 얻나니
유대인이나 이방인도 나아오라
그의 나라와 그의 의를 구하라
너의 삶 전체가 하나님의 기쁨이 될지라

하늘나라 백성이여
이 세대를 본받지 말라
사람의 생각을 내려놓고
하나님의 음성에 귀를 기울이라
너의 눈이 떠지리라
너의 귀가 열리리라

오라
우리가 하나님의 임재 앞으로
함께 나아가자

• **본문**: 롬 12:1-2　　• **설교제목**: 우리가 드릴 영적예배

올해는 유난히도 장마가 길다. 장대비 속에 우산을 받쳐 들고 광화문 언저리의 젊은 시절 자주 지나던 길가에, 120여 년의 역사를 지닌 고풍스런 교회가 아직 그 자리를 지키며 나를 반긴다.

경건과 거룩의 예배가 드려지고 있는 대표적인 교회로서 "한국 기독교 120여 년의 맥락을 지켜온 산 증인, 뿌리 깊은 나무, 어머니의 마음, 맑고 시원하게 흐르는 물"이다.

또한 앞서 세워진 교회로서 민족과 한국교회 전체를 위해 복음의 횃불을 들고 앞서 나가는 교회가 되고자, 오늘도 귀한 목사님과 성도들이 저토록 고운 '신앙의 결'을 가꾸어 가고 있는가 보다.

기도로 준비하고 있는 아름다운 성전이 속히 건축되기를 간절히 기도하고 조용히 일어섰다.

오병이어의 의미

주여
오늘 우리는 보리떡입니다
우리의 지식도, 재물도, 성품도…
오늘 우리는 물고기 두 마리입니다
우리의 지혜도, 명예도, 믿음도…

성만찬에도 쓸 수 없는 보리떡이
주님의 손에 들리니 성만찬 떡이 됩니다.
초라하기 그지없는 보리떡이
주님의 손 안에서 거룩의 떡, 능력의 떡,
은총의 떡이 됨을 믿습니다.

떡을 떼시는 손길
주님의 찢기실 살을 떡으로 떼시니
우리를 살리시고
교회를 풍성케 하심이라
원대로 주시니라

사랑하는 자여
부스러기도 버림이 없게 하라

너희가 십자가 아래서 부서져
열두 광주리에 찰 때 큰 기적이 되리라
네가 부서짐이
다음 세대를 이어가는 기적이 될지니라

33

2011. 8. 7 | 성민교회 | 김영희 목사님
• **본문**: 요 6:1-15 • **설교제목**: 열두 광주리의 기적

좁은 길 하나를 사이에 두고 하남과 서울의 경계선에 있는 서울시 강동구의 아름다운 교회 '영성 가족 공동체'를 다녀왔다. 지난 주일 귀한 목사님은 감기 몸살로 소리없이 병원신세를 지어가며 유명산 골짜기 수련원에서 전교인수련회를 예수승리로 마치셨다는데 오늘 강단에서 서신 모습이 조금은 초췌하셔서 안타까웠다.

눈 깜짝할 사이에 악기를 연주하던 집사님들이 성가대로, 찬양대로, 옮겨 다니시며 1인 다역의 봉사를 하시는 모습이 참으로 은혜로웠고, 외람되지만 귀여운 모습이셨다. 주님도 그렇게 보시리라 생각이 들었다.

하얀 모시 한복을 입으신 목사님의 모습만큼 성도들의 모습에서 주님을 향한 하얀 순수함이 더여 돋보이는 그런 아름다운 교회에 주님의 은총이 넘치시기를 기도했다. "목사님 이번 주 부흥회 잘 다녀오시고 예수님 이름으로 또 홈런 날리세요!!"

마태의 올레길

해안 길 따라
블레셋으로 가는 수월한 길을
주님은 허락지 아니하셨네
하나님을 아버지라 부르지 못할지언정
뒤돌아서서
노예의 삶을 오히려 사모함을 아셨기에…

척박한 길 끝없는 사막
죽음의 계곡 좁은길로 가라 하셨네
하나님의 사람,
하늘에 매여살고자 하는 자여
하나님이 지정해 주시는
제3의 길로 가라

마태의 올레길을 걸으라
느리게 걸으며 속도보다 방향이
중요함을 발견함이니
양보의 길, 희생의길, 섬김의 길
낮아지려는 길에서
비로소 우리가 그리스도인임을 알 수 있네

그 길을 걸으며
하나님의 깊이와 넓이를 볼 수 있네

광야에서
시련과 고난의 길을 걸으며
빛과 소금으로 살아가야 하는
그리스도인의 정체성을 깨달아
마침내
고난이 축복임을 알지니
좁은길이 곧 생명의 길이라

하나님의 사람아
욕심을 내려놓고 사명의 짐을
하늘의 짐을 지고가라
그 가치를 하늘에 두고 사는 자여
십자가를 지고
좁은길로 갈지어다

34

• **본문**: 출 13:17–19, 마 7:13–14
• **설교제목**: 하나님이 그 길로 인도하지 아니하셨으니(설교: 왕대일 목사님)

내일 광복절을 앞두고, 나라의 심장부 광화문 근처에 우뚝서서 이름 그대로 섬김으로 민족과 세계를 하나님과 이어주는 '하늘 다리가 되는 교회'에 다녀왔다.

1900년 4월 부활절에 설립된 이 교회가 벌써 112년에 걸쳐 진정과 신령으로 예배하며 영혼을 구원하는 전도자들이 섬기는 주님의 비전이 살아있는 교회가 된 것을 감사했다.

예배 전 주보를 살펴보는데, 존경하는 담임목사님은 '안식월'중이시라 설교 말씀은 전하지 않으신다니 섭섭했으나, 강단에 앉아계신 모습은 뵐 수 있어서 참으로 감사했다.

감신대 교수로 계신 왕 목사님께서 말씀 선포 하셨는데 "역시 그 선배에 그 후배이십니다!"

세찬 비가 내리지만, 함께 우산을 쓰고 교회를 나서는 우리 부부의 얼굴에 은혜의 웃음이 가득했다.

비 내리는 풍경

검은 현무암 절벽
세찬 바람이 파도를 밀고와 하얗게 부서지고
저만큼 멀어졌다 다시 달려오고
나그네의 걸음을 뒤로 밀어가며
섭지코지 언덕 위로 거센 바람이 분다

세상풍파 비바람에
슬픔과 외로움으로 죽음을 노래하던 인생들이
성령의 바람
위로와 친구가 되시는 주님으로 인해
살리심을 선포하고 승리를 명하신다

어릴 적 노란 우비를 입고
빗속을 맘껏 거닐고 싶던 그 작은 소망을 이루어
안개비에 휩싸인 거문오름
그 태고의 신비가 흐르는 숲속을 거닐다
바위를 굳게 딛고 서 있는 나무의 뿌리들
그 뿌리의 모양을 그대로 닮아있는 나뭇가지들…
꽃을 피우기 위해 자신을 희생하고 떨어지는
산수국의 잎새들…

이름모를 새들의 찬양 하모니
세상 어디에도 없을 숲의 향내음
내 맘에 계시는 주님의 향기

자신을 온전히 내어주신 주님
부활의 영으로 오셔서 지금
내 안에 계시는 성령님을 향한 감사의 눈물
더러운 것은 다 치우거라
이제 죄 짓는 일에 서툴러진 자 되고
육의 법이 사라지니
놀라운 사랑을 날마다 경험하여 찬양이 넘치리라
내 중심에 주님 계시니
예수님으로 사는 아름다움의 인생 여정
영성 나들이에 소망의 꽃이 피리라!

35

• **본문**: 롬 8:9–11　　• **설교제목**: 성령께서 우리 안에 계실 때

　우리 부부는 큰 딸 내외와 손주와 함께 이른 아침 비행기에 몸을 싣고 제주로 휴가를 떠났다.

　공항에서 서귀포로 이동하는 동안 가장 먼저 눈에 들어오는 교회로 들어가 예배 드리기로 정하고 빗속을 달렸다.

　원하기는, 아주 자그마한 시골 교회가 있기를 소망했었는데, 가장 먼저 발견된 교회는 60여 년의 전통이 있는 아마도 제주에서 가장 큰 교회가 아닐까 싶다.

　'다음 세대와 함께 가는 교회'는 선교하는 교회로서 특히 노년부 성경공부의 활성화가 특이했으며 어머니의 팔순 생신을 감사하며 성전 꽃꽂이를 헌화한 집사님의 가정에 은혜의 꽃이 만발하기를 기도했다.

　어린 손주와 딸 내외는 영아부에 들어가 예배를 드렸고, 두 돌이 막 지난 손주는 씩씩하게 앞으로 달려가 '배꼽인사'를 해서 친구들과 선생님들로부터 박수를 받고 예쁜 선물도 받았고, 숙소에 들어와서도 무릎 꿇고 기도하는 예쁜 모습을 천연덕 스럽게 연출 하니, 웃음꽃이 만발하는 가운데, 어린 손주의 마음 안에 계신 주님을 찬양하는 뜻깊은 휴가였다.

불의한 재물의 변(辯)

옳지 않은 청지기가 누구뇨
죄인된 우리이니이다
허면
불의의 재물은 무엇이뇨
천국의 눈으론 이 세상 모든 것이
불의한 것임이니이다
지혜가 무엇이뇨
하늘로부터 내려오는 예수 그리스도이니이다

자격 없는 자들을 기뻐함이 천국의 원리이니
한 마리 어린양을 찾으라
탕자를 맞아 품에 앉으라
드라크마 하나를 찾으려 지금 헤매이라
네가 구원의 역사를 이루리라

불의의 재물 창고를 열라
지식의 보따리, 건강의 보따리
재물과 명예의 자원으로 친구를 사귀라
하나님과 재물을 겸하여 섬기지 못함이니
나누어라 베풀어라

영원의 친구로 사귀어라
영원한 천국의 사람이 되게 하라
지극히 작은 땅의 것으로
지극히 큰 천국의 것을 사라

사랑하는 이여
영원의 삶을 준비하는 지혜로운 자여
이 땅에 사는 동안 모든 '불의한 것'으로
'영원한 친구를 사라'
'옳지 않은 청지기'도 소금이 되나니
불의의 재물도 빛이 될지니
내가 사귀던 친구들이
천국에서 나를 맞이할 것이니라

• **본문**: 사 6:6–8, 눅 16:1–13   • **설교제목**: 불의의 재물로 친구를 사귀라

요즘 한류열풍을 타고 내국인은 물론 외국 여행객들의 발길이 풍성해진 동네 북촌은, 도시의 세련된 현란함과는 거리가 있는 아담하고 고풍스럽고 정갈한 이야기가 있는 아름다운 곳이다. 윤보선 대통령의 생가와 마주한 100여 년의 역사 속에 '민족의 미래를 키우는 교회'가 든든히 서 있다.

교회의 외양 만큼이나 예배당 안의 분위기도 사뭇 다르다. 3대, 4대가 함께 신앙생활을 하는 교회처럼 보여 푸근한 고향집 같은 느낌이 있었고, 실제로 아주 곱게 연세를 드신 어르신들이 많이 계셔서 놀랍기도 했다. 목사님의 깊이 있는 말씀만큼이나 시대와 민족과 세계를 품고 가는 귀한 교회에, 젊은 일꾼들도 더 많이 오셔서 섬길 수 있도록 중보하고 돌아오며, 교회 정문 옆에 있는 한옥 건물의 현판 앞에 활짝 웃는 나를 세우고, 우리 남편은 카메라 셔터를 눌렀다.

주님을 쫓는 자

주님을 비빌 언덕으로 여기는 자여
머리 둘 곳이 없는 주님의 헤진 옷자락을 보라
모든 것을 버리고 죽음의 길을 가시는
그 단호하고 쓸쓸한 눈을 들여다 보라

하나님의 나라를 얻은 자는
내가 버린 것이 아니요 버려지는 것이니
시시한 일에 매이지 말라
아무것도 아닌 것으로 질투하지 말아라

주님을 쫓는 자여 너는 산 자이니
죽은 자가 아닌 산 자를 위해 살아라
죽은 자는 죽은 자에게 맡기고
너는 산 자에게 복음을 전파하라

주님을 쫓는 자여
그의 나라가 우선임을 알지니
쟁기를 잡고 뒤를 돌아보지 말아라
하나님이 통치하시니 절대로 죽지 아니하리라
좌우를 보지 말고 그의 의를 구하라

그리하면 이 모든 것을,
세상이 줄 수 없는 영원한 세계까지 더하시리니
네가 진정한 산 자요
하나님의 백성이 될지어다

37

2011. 9. 4 | 한국중앙교회 | 임석순 목사님

• **본문**: 눅 9:57-62
• **설교제목**: 예수님을 쫓는 것은 하나님 나라 백성으로 사는 것

네비게이션 아가씨(?)의 친절함에도 불구하고 광진구 중곡동 골목길을 몇 바퀴 헤맨 후에 아름다운 교회를 발견했다. 대로변에 있는 큰 교회임에도 의외로 힘들게 방문하게 됨은 그만큼 예배를 통해 받을 은혜가 큼을 말해주는 듯했다. '슬기로운 처녀로 신랑 맞을 준비'하는 따뜻하고 정감이 넘치는 교회!!

담임목사님의 부드럽고 따뜻한 음성이, 성도들을 얼마나 사랑하고 귀하게 여기시며, 양떼들의 심정을 누구보다 잘 알고 있는 목자임을 한 눈에 알 수 있었다.

50여 년의 역사 가운데 건강하고 내실 있는 교회로 성장해온 귀한 교회는, 신실한 목자를 따라 푸른 초장 쉴 만한 물가에서 지금 풍성한 **열매**를 맺고 있음이 분명하다. 영국에서 박사학위를 마치고 귀국하신 젊은 목사님의 가족과 목사님이 담당하실 청소년교회 중고등부에, 넘치는 부흥과 하나님의 역사가 있기를 기도하며 일어섰다.

지혜자여

사랑의 나눔 있는 곳에
하나님께서 계시도다
네 떡을 나누라
선한 사업에 부하고
나누고 동정하는 자가 복된 자니
네 손의 온기가
주님의 빛난 웃음이 되리라

빛은 실로 아름다운 것이라
눈으로 해를 보니
삶을 기뻐하고 춤추라
주께서 생명의 길을 보이시리니
주님의 영원한 즐거움이 되리라

입술의 말과 언행을 가꾸라
네 몸의 악을 털어낼지어다
근심의 멍에를 풀어 던지고
죄악이 너희를 주관치 못하리니
은혜 아래 있는 자여
축복과 소망을 노래할지니라

스스로 지혜롭게 여기지 말라
해뜨는 데부터 해지는 데까지
창조주 하나님을 기억하라
믿음이 없이는 기쁘시게 못하나니
상 주시는 하나님을 순간마다 바라보라
지혜를 꿈꾸는 자여
너로 인해 삼림의 나무도 노래할지니라

38

2011. 9. 11 | 성수감리교회 | 박상칠 목사님
• 본문: 전 11:9-12:1 • 설교제목: 지혜자의 마지막 부탁

가을의 문턱에서 처음 들어선 자양동 골목길은, 실로 중국의 한 조선족 동네를 옮겨 놓은 듯 했다.

서울 시내에 이런 동네가 있다는 것이 실로 놀라웠다. 간판이며 식당의 메뉴 소개가 중국의 동포들이 사는 풍경이 역력하다. 다음엔 그 골목의 어느 식당에 들어가 식사를 맛있게 해보아야 겠다.

마침 내일은 추석명절이고 연휴가 시작되었지만 고향으로 돌아간 성도가 많을 텐데도 여전히 빈자리가 없이 예배드리니 그 또한 감사했다. 교회 밖에서부터 안내하시는 분들이 아주 친절하게 맞아주시고 처음 방문자도 낯설지 않도록 모든 분이 따뜻하고 가족과 같은 분위기로 화기애애하다. 개인적 이야기가 전혀 없이, 오로지 성경말씀으로만 설교를 하시는 목사님의 말씀을 들으니, 역시 좋은 양육을 받은 선한 성도들로 가득 채워진 이유를 알 듯하다.

라헬을 꿈꾸라

지친 영혼의 무게를 이끌고
먼지 길 무거운 발걸음의 나그네 앞에
어둠 속의 빛이랴
시원한 물줄기이랴
우물가 여인 라헬을 만났네

아직 주님을 만나기 전
땅의 기름진 복을 꿈꾸며
땅에서의 높아짐을 사모하던 그가
이젠 칠 년의 품삯보다 라헬로 꿈을 꾸네

혼의 열정을 담아 감동을 쏟아내고
흔들리지 않는 비전으로 순간마다 즐거움이니
꿈을 쫓는 자는,
비전을 쫓는 자는,
칠 년의 세월이 수일이러라

비전을 찾으라
생생한 꿈을 찾으라
야곱의 옷을 입은 자여
이제 칠 년의 품삯보다
진정한 라헬을 찾을지라

39

2011. 9. 18 | 약수교회 | 김경수 목사님
• 본문: 창 29:16-20　• 설교제목: 꿈결 같은 칠년

햇볕이 따갑게 내리쬐지만 이젠 가을색 바람이 불어 하늘 구름이 높고 청량하다.

동호 터널을 넘어, 아직도 새 성전에선 나무향내가 은은한 아름다운 교회로 들어섰다. '하나님과 이웃을 섬기는 교회'의 표어처럼 예배 30분 전 성전에 도착하니, 빨강색 상의를 입은 봉사자들의 미소가 가을볕 만큼이나 따사롭다.

다른 교회와 조금 다르게 10월 첫 주일을 '추수감사주일'로 지킨다고 광고하신다. 온 성도가 아기부터 장년·교회학교까지 함께 '가족이 모여 예배'를 드리고 예물로 드린 열매(곡식과 과일 등)는 이웃과 함께 나누는 행사를 한다고 하니 진정한 감사주일이 아름답게 그려진다.

예배 후 전교인 기념 촬영도 한다고 하니, 주님 앞에서 빛난 웃음으로 '김~치~'.

꽃의 의미

숲 속
작은 수도원 뜰 앞에
질그릇 하나 가득
채송화 꽃이 만발했습니다.
침묵의 피정자를 환하게 웃게 합니다.
몸이 연약한 한 수녀님이
정성껏 세워주신 사명의 꽃이랍니다.

오늘 주님의 성전에
23일 된 아기가 부모 품에 안겨
주의 종의 따뜻한 기도를 받았습니다
아직 앳된 부모이지만
주님의 사랑 안에서 아름답게 세워
튼실하게 키워질 사명의 꽃이랍니다.

다함없는 보혈의 은총으로
구원을 노래하는 거룩한 자녀들이
이제 신령한 젖을 사모합니다
영혼의 호흡 속에 계신 주님을 찬양합니다
십자가의 사유하심을 선포하는
사명의 꽃이 된답니다

주님의 약속의 말씀이
기도의 현장에서 날마다 달마다
질그릇 하나 가득
기적의 꽃을 피워내시니
이는 언약의 꽃, 사명의 꽃이랍니다.

40

2011. 9. 25 | 동숭교회 | 서정오 목사님

• **본문**: 엡 4:13–15　• **설교제목**: 사랑 안에서 자라라

　따스한 가을볕에 저절로 걸음이 느긋해 지는, 기분 좋은 주일아침, 문화와 젊음의 열정이 넘치는 아름다운 동네인 대학로를 들어섰다. 59년의 전통 속에 주께서 주신 아름다운 사명의 꽃을 피워가는 복된 교회가 있다. 40번째 '영성 나들이'교회로 이곳을 방문하니 설렘과 감사가 넘쳤다. 담임목사님의 이미지 만큼이나 실내장식이 아주 깔끔하고 세련되다. 성도들이 각기 명찰을 목에 걸고 있는 것이 특이한 점이었고, 개인적으로는 가장 마음에 들던 주보를 발견한 교회이기도 하다. 필요한 내용을 다 넣었는데도 군더더기 없이 깨끗하고, 겉표지 디자인은 아주 세련되고 아름다운 따뜻함을 주는 '작품'이란 생각이 들었다.

　영혼구원을 향한 다양한 프로그램들도 신선했지만, 깊은 영성에서 우러나온 '거룩한 겸손'의 소유자인, 목사님의 설교말씀이 더욱 은혜스러웠다.

닻을 내리라

비바람 풍랑이 요동치어
평안의 항구를 잃고
흔들리고 넘어지는 자여
앗수르의 침공을 받아
울며 떠는 이스라엘이여

소망의 눈을 들어 주 만을 바라보라
거기에 네 닻을 내릴지라
짐이 아플수록 더 깊게 내리라
결코 떠내려가지 않으리니
주님의 거룩하고 선한 뜻을 볼 것임이라

오직 하나님을 앙망하는 자여
풍랑 가운데 임하는 파도의 의미를 알라
네 눈이 열려 통찰력을 주시리니
남이 알지 못함을 깨달을 것이요
진리를 보게 하실 크나큰 은혜로라

여호와를 앙망하는 자여
독수리 날개 짓의 새 힘을 주시리니

듣도보도 못한 일로 역사할 것임이라
흔들려도 넘어지지 않으리니
이 풍랑이 지나고 순풍으로 항해하라
평온함은 그가 주시는 은혜요 선물이라

41

2011. 10. 2 | 광림교회 | 김정석 목사님

• **본문**: 사 64:1-4, 40:30-31 • **설교제목**: 여호와를 앙망하는 자

60여 년의 역사 속에서 눈부신 부흥을 이룬 '선을 행함으로 복을 나누는 교회'는 거룩하고 웅장한 예배로 하나님께 영광을 돌리는 교회이다.

하나님의 뜻과 섭리 가운데 전 세계 감리교회의 롤모델이 되고 있음을 믿어 의심치 않는다.

해처럼 밝은 안내자의 환영을 받으며 언제나처럼 예배 30분 전에 자리에 앉았다.

십자가 왼쪽으로 태극기가 게양된 강단을 바라보며 기도를 하는데, 파이프 오르간 연주로 은은하게 울려 퍼지는 찬양이 시작되고 울컥 마음이 뜨거워졌다. 성령 충만하신 담임목사님을 통한 말씀 또한 큰 은혜였음을 감사했다.

늘 그랬듯이 예배가 끝나고 강단을 향해 카메라 셔터를 누르는데, 어쩌나! 건전지가 없다는 신호가 나온다.

후에 다시 방문할 기회로 여기고, 또 다른 은혜를 예비하신 주님을 믿으니 그 또한 어찌 감사하지 않으리요.

가을의 찬가

마음의 샘이 조금 더 깊어지면
이해치 못할 인생이 없음같이
주의 피로 하나 된 교회가
연합의 꽃으로 피어 난다

안디옥 교회 안에
바나바와 니게르, 마나엔이
어깨동무를 이룸 같이
초월의 은혜로 교회가
지금 든든히 세워 진다

허기진 마음을 내려놓고
진정한 순종으로
성령님의 음성을 들을 것이요
 사건 속에 그의 뜻과 섭리가 있음이니
신령한 귀를 열라
영적 민감성으로 주파수를 맞추어라

네 부흥을 노래하지 말라
선교의 열매는 성령님이 하심이니

네 부흥이 아름다운 도구되어
저 황금빛 들판에 일고 있는
결실의 어깨춤이 될지라
농익어가는 들판의 금빛 노래가 되리라

42

• **본문**: 행 13:1-3　• **설교제목**: 선교하는 교회

청명하고 따스한 햇살 아래, 들판엔 지금, 거둘 곡식들로
풍성함을 이룬다. 추수를 코앞에 두고 아마도 오늘이 가장
아름다운 황금벌판이 될 듯 하다.

예나 지금이나 기차 길이 주는 소리는 향수요, 추억이다.

저만치 수원의 기차역 가까이에 30여 년의 세월 속에 아
름다운 부흥을 이루어 주님을 기쁘시게 하는 붉은 벽돌의
교회가 있다.

이번 주에 있을 '선교대회'를 앞두고, 교회가 온통 거룩
한 분주함으로 가득함을 느낀다.

'선교 바자회'도 준비하고, 은혜스런 '박종호 님의 콘서
트'도 준비하신다고 한다.

"선교는, 성령님이 하시는 것이고, 그 선교를 위해 교회
에 부흥을 주시는 것"이라고 하신, 온화한 담임목사님의
말씀처럼, 귀한 선교대회를 통해 전 세계 가운데 추수할 열
매가 그득한 교회 되기를 기도하였다.

비밀한 사랑

50년 전이 아닙니다
우리의 사랑은 태고부터의 신비입니다
영혼의 숨을 통한 호흡을 나눕니다
질그릇처럼 뚜껑을 덮어도
숨은 끊이지 않습니다

때론 메마른 경건의 능력으로
영혼의 사지가 한없이 늘어지고 미약해도
비밀한 사랑의 외침으로 인해
내 마음은 단단해 집니다
알 수도 없는 능력으로 꽃이 핍니다

깊이 바라보는 것만으로도
내겐 향기가 됩니다
입술엔 든든한 파수꾼 세우시고
원망과 불평이 길을 잃습니다
기도의 신비입니다

비밀한 사랑이 있습니다
축복의 주도권을 내게 주십니다

사모함으로 날마다 강을 이루게 하시고

내 영혼 깊은 곳에

날마다 기쁨의 무지개를 띄우십니다

43

2011. 10. 16 | 이천중앙교회 | 박영준 목사님
• 본문: 행 1:12-14 • 설교제목: 기도의 은혜를 받으세요

계절을 물들이고 있는 가을 산야를 호흡하며 달려 가니, 경기도 이천, 임금님 수라상에 올렸다는 맛있는 쌀로 유명한 곳이다.

옛부터 고운 흙을 땀과 섞어 빚어서 아름다운 도자기를 만드는 고을에 1902년에 창립된 아름다운 교회가 우뚝 서 있다. 이른 예배라서 그런지, 시간적으로 좀 여유가 되고, 부지런하여 아침잠이 없으신 어르신 성도님들이 많이 계셨다.

영적 눈썰미(?)가 있으신 젊은 안내자는 쪼르르 달려오셔서 새신자인지를 재차 물으신다. 적당히 아니라고 설명을 하였지만, 요즘 교회마다 어느 이단 집단의 사람들로 인해 신경을 곤두세우고 있음을 보며, 안타깝고 너무 이해가 되지만, 정작 새신자들이 오면 좀 불편하기도 하겠다는 생각도 해본다.

[제34차 40일 특별새벽기도회]를 통해 귀한 교회에 더 큰 하나님의 축복의 비밀이 넘쳐나기를 기도한다.

이 지역의 도공들이 흙을 빚어서 조각하고 색을 입히고 정성껏 불에 구어서 작품을 만들듯이, 하나님의 걸작품인 우리가 이 땅에서 아름답고 선한 능력의 그릇으로 살아가게 되기를 기도하였다.

광야길

죄와 죽음의 홍해를 건너게 하시고
마라의 쓴물을 달게 하시며
만나와 메추라기로 일용할 양식을 먹이시고
반석에서 마실 물을 주시니
네 배에서 생수의 강이 넘치리라

마귀와 싸워 아말렉을 물리치게 하시고
네 인생의 밤과 낮을
구름기둥 불기둥 성령으로 인도하시니
두려움의 모압 평지 지나
이제 가나안 땅을 차지하게 하시리라

아낙자손은 우리보다 큰 자라
네 어두움의 언어를 버리게 하시고
그들은 우리 밥이라
천국의 언어로 젖과 꿀이 흐르는
저 땅을 소망하니
너보다 먼저 가신 하나님, 앞서 행하신 하나님
싸워주시고 일으키시는 주님의 사랑을 보리라

두려워 말라 무서워 말라
너를 황무지에서,
짐승의 부르짖는 광야에서 만나주시고
호위하시고 보호하시며
자기 눈동자같이 지키셨으니
너를 안고 가시는 주를 네가 보리라

짐을 지고 가는 자여
광야 길을 만나거든 깊이 생각하라
네 교만을 낮추라
여호와의 명령을 지켜 행하라
사람이 떡으로만 살 것이 아니라
하나님의 말씀으로 살 것을 알지니라

인내를 이루라
너를 온전케 하시는 하나님의 축복이니라
오늘 이곳까지 이르게 하신,
너를 가데스 바네아까지 인도하신 주님께 모두 맡기어라
세상 끝 날까지
권고하시는 주님의 은총을 네가 보리라

44

2011. 10. 23 | 강북제일교회

• **본문**: 신 1:19~33 • **설교**: 조영택 목사님(캐나다 갈릴리교회 원로목사)
• **설교제목**: 이곳까지 이르게 하신 하나님

교회 마당에 올라서니 고소한 냄새와 함께 여 집사님들의 손길이 무척 바쁘시다.

무슨 일인지 아주 많은 분들이 부침개를 부치고 계시고, 한쪽에선 커피와 둥굴레 차의 향기가 진동을 한다. 예배가 끝나고 나서야 그 이유를 알 수 있었다. 예배를 마치고 나오는 성도들에게 부침개를 종이컵에 담아서 나누어주는 봉사를 하고 계신 것이다.

요즘 큰 어려움을 겪고 있는 교회인지라 내심 걱정을 하면서 방문했는데, 교회 밖과 안에서 두 개의 주보를 받아야 하는 아픔을 경험했다. 하나님의 뜻 가운데 주님의 몸 된 귀한 교회가, 치료되고 회복되어 합력하여 선이 되기를 기도하고 돌아왔다.

멀리 캐나다에서 오신 갈릴리 교회의 원로 목사님께서 이번 주일 설교를 하시는데 우리 부부뿐만이 아니라 모든 성도들이 은혜 충만의 시간이었다.

감동적인 설교는, 지식이나 언변이나 좋은 음성이나 힘이 아니요, 수많은 세월을 하나님의 발치에서 살아온 '순종과 겸손의 종'의 모습에서 소리 없이 들려지는 '뜨거운 외침'이라는 생각을 했다.

또한 좋은 대학의 교수이신, 老 목사님 아드님의 자작곡 '복음성가'를 들으며, 온 성도들의 가슴이 뜨거워졌고, 그가 순교자의 후손이라는 이유와 함께 큰 은혜의 시간이 되었다.

이스라엘의 노래

브엘세바 언덕을 딛고 서서
머나먼 애굽땅을 두려움으로 바라보니
지나온 험한 세월
내 발자욱이 떨려오누나
정녕 이 걸음이 하나님의 뜻인지요

여호와의 낯을 피해
다시스로 가는 배에 몸을 실었던 자,
디모데와 동행한 바울처럼
지금 내가 가는 이 여정은
정녕 이 걸음이 하나님의 뜻인지요

'나는 하나님이라'
'나는 스스로 있는 자라'
'나는 있다'
'나는 반드시 성취하리라'

주여
내 너덜너덜한 꼬라지도
주님의 섭리와 주권 안에 있음을 이제 압니다

주님의 꿈 앞에
연약한 제 꿈의 보따리를 내려놓습니다
가나안의 구차한 세간들을 버리고 갑니다
주님 준비하신 것으로 제 잔을 채우겠나이다

이제 하나님의 힘으로 살겠나이다
큰 민족을 이루시고
다시 고토로 돌아오게 하시리니
남은 생애가 평탄하여
아들의 손으로 눈을 감기우는
그 가이없는 은총을 노래하며
독수리 날개를 타고
이제
하나님의 등에 업혀서 가겠나이다

　어느 곳을 바라보아도 무르익은 가을 풍경은 온통 황금빛으로 찬란하다.

　홀로 서 있는 나무는 초라하고 쓸쓸해 보이지만 군락을 지어있으면, 정말 아름다운 색의 조화를 이루어, 그 어느 숲도 아름답지 않은 곳이 없다. 비록 연약한 인생이지만 아름다운 주님의 공동체를 이루어 찬양하면 천상의 하모니를 이루는 것처럼.

　흑석동 고개 넘어 노량진에 있는 아름다운 교회에서 주님을 뵈옵는 기쁨과 기대감으로 들어섰다.

　북한에서 신앙의 자유를 찾아 월남한 젊은 의사는, 피난민과 함께 전쟁의 상흔과, 폐허가 된 노량진 산동네에서 창립예배를 드렸고, 실향민의 꿈과 더불어 60여 년의 역사 속에 아름답게 성장해 왔다. 은혜가 넘치는 예배로, 아래 윗층에 빈 좌석이 없이 꽉 들어찬 성도들과 함께, 성령으로 단단히 무장된 담임목사님의 명설교를 통해 은혜와 감동이 넘치는 예배를 드렸다.

　다음 주에 있을 '새생명축제'에 하늘문이 열리는 은총이 있기를 기도했다.

아름다운 발걸음

어지럽고 흔들리는 세대를 넘어
오로지 인류생명을 위해
저 역사의 바깥으로부터
인류 역사 안으로 들어왔으니
이는 복음이요
흠이 없음이라

좋은 소식이 전파되리니
주님의 오심과 죄사하심이라
십자가 지시고 피 흘리셨으니
더 없는 순수요 구원이시라
죽으시고 다시 사셨으니
부활의 은총이요
약속하신 대로 다시 오시리니
온 인류 구원이 가장 깊은 소원이심이라
아름답도다
좋은 소식을 전하는 자들의 발이여
너의 믿음이 자라리니
온 성에 기쁨이 충만하리라
삶의 쓴맛이 마라의 단물이 되리니

성령께서 너를 붙드시리라
파선한 인생을 긍휼로 덮는 자여
'많은 사람을 옳은 데로 돌아오게 한 자는
별과 같이 영원토록 비취리라'

46

2011. 11. 6 | 영락교회 | 이철신 목사님

• **본문**: 롬 10:9–15 • **설교제목**: 아름다운 전도인(설교–하충엽 목사님)

입동을 이틀 앞두고 마지막 가을비가 제법 거세게 우산을 두드렸다.

지난 밤부터 내린 비로, 노랗고 붉은 단풍잎들은 길 위의 꽃으로 내려 앉았다.

명동 근처, 수많은 역사 속의 아름다운 이야기를 간직한 귀한 교회를 향해 가는 발걸음이 유독 설레는 주일 아침이었다.

2부(9:30)예배라서인지 꽃처럼 젊은 성가대원의 모습이 많았고, 그 찬양소리 또한 곱고 깊어 천상의 하모니를 이뤘다.

마침 담임목사님께서는 선교여행 중이신지 뵐 수가 없어 아쉬웠지만, 11월 27일 '총동원 전도주일'을 통하여 주님께서 가장 기뻐하실 열매가 가득 채워지기를 기도하며, 지금은 천국에 가셨지만, 시대의 큰 스승으로 살아가셨던 목사님의 인자하신 모습이 문득 그리워졌다.

소망의 길

지금은 잃어버린 고향 언저리에
어릴 적 내 추억은 동그마니 앉아있고
주일 아침 온 동네 아이들
넓은 마당에 줄을 세우고
목젖이 보이도록
어린이 찬송을 군가처럼 외치며
황금벌판 가로질러 예배당 가던 길

빈약한 내면에서 쏟아져 내리는
비판, 조롱, 비아냥거림에 치여
한순간 어지럼에 비틀거리던 시간들
큰 제사장 계신 곳에서 흐르는
말씀의 진액으로 소성케 하시고
구원의 방주
변화된 양심과의 만남의 길에 서게 하시니
'합력하여 선을 이루리라'
'뜻이 하늘에서 이뤄짐같이
땅에서도 이루어지리라'

하늘나라의 영광
약속된 소망을 옷 입히시고
휘장 가운데 열어 놓으신
새롭고 산 길을 걷게 하시니
더 없이 단단한 내면에
승리의 깃발 꽂아 주시고
이 땅에서도
천국을 누리게 하심이여

47

• **본문**: 히 10:23–25 • **설교제목**: 교회를 중심하여 살라

2부 예배를 사모하는 발걸음이 너무 조급했었는지, 아직 1부 예배의 송영 중이다. '영성 나들이' 47번째 교회!

제직들의 모습이 가장 밝아 보이는 교회였다. 승강기 앞에서건 어느 장소에서건 마주 치는 곳마다 낯선 내게도 먼저 웃는 낯으로 인사를 하신다. '건강한 교회'라는 생각이 앞섰다.

빼어난 건축미를 자랑할 만한 초록빛 곡선의 아름다운 교회이다. 주님 안에서 잘 준비되신 목사님의 성령충만한 모습과, 감동적인 설교말씀, 아름다운 언어 구사력까지… 성도님들이 저토록 밝게, '교회중심의 삶'을 살아가는 이유가 충분하다고 여겨진다.

다음 주 '추수감사절'에 더욱 풍성한 감사가 충만하며, 새생명축제에 참석했던 모든 분들이 결실의 열매를 맺을 수 있기를 기도한다. 집에 돌아와 교회에서 받아온 '선교지'의 기도제목을 읽고 여러 가지로 감동도 되고, 마음 아픈 사연도 많아… '선교지(宣敎紙)'에 손을 얹고 하나님께 간절히 기도하는 시간도 갖게 되었다.

감사뿐이라

어디쯤에서 시작 되었는가
좁은 가슴 열어 소망에 눈 뜨고
마음 밭 문설주 인방에
보혈로 인치시어
자유의 외침 구원의 노래 주셨네

마지막 그 밤
주를 거스르는 자를 엎으시고
주의 진노가 초개같이 사르시니
검은 울음 뒤덮인
너 절망의 성이여

바다 가운데 푸른 길 여시고
울며 울며 내달리던
감사의 격한 아픔
주의 오른손의 권능의 영광을
날마다 뵈옵고져

빛을 잃은 자
큰물로 덮으시고
돌처럼 깊음에 내리셨으니
영광의 큰 나팔소리
평안할지어다
너의 출입을 영원까지 지키시리라

48

올 들어 가장 쌀쌀한 날씨인 듯하다. 예나 지금이나 대성전에 들어가는 행운(?)을 누리기 위해 모든 성도들의 발걸음은 뜀박질이 절반이다.

예배 전 찬양은 그야말로 뜨겁고 역동적이다. 추수감사절 예배의 강단이 많이 조촐해지고 소박해진 모습에서 담임목사님의 겸손함과 많이 닮았다는 느낌이 들었다.

50여 년의 역사 속에서 하나님의 섭리 가운데 이처럼 놀라운 사역을 이루신 원로목사님의 건강을 간절히 기도했다.

예배를 마치고 나오는 성도들을 향해서 인사하는 장로님, 안수집사님, 봉사 집사님들의 친절한 모습 속에, 그 어디에서도 경험하지 못했던 정성이 넘치는 진심을 보며 "그래, 이런 충성된 헌신과 섬김이 있기에 세상에서 가장 큰 교회가 될 수 있었던 거야!" 스스로에게 이야기 하며 진한 감동을 안고 계단을 내려섰다.

순례자의 노래

바벨론 여러 강변
죄악의 언덕에 걸터앉아
시온을 기억하며 한없이 울었도다
내 사정이 주님께 숨겨졌노라고
내 원통함 수리치 않으신다고
한 맺힌 절규로 목을 놓았어라

조상의 때부터 선택된 존재이나
오히려 바알을 섬겨
주님의 가슴을 멍들게 하였으니
나에게 아직도 입이 있는가
누가 손바닥으로 바닷물을 헤아리며
누가 뼘으로 하늘을 재었으며
땅의 티끌을 그 누가 되에 담아 보았는가

"너희는 약속의 백성이 될 것이라
엎드러지고 곤두박질치는 너의 생(生)
나는 지금도 네 삶 속에 일하고 있나니
너는 나를 버릴지언정 나는 너를 버리지 않으리라
지금도 너를 위해 일하고 있느니라
이것이 너에게 주는 내 위로이니라"

주님이 내게 주신 것은 모두가 선하시니
그 역사 이뤄지는 순간까지
나는 하나님의 뜻을 기다리고 살 것이요
그 영적 모란이 피기까지
나는 그렇게 기다리고 기다리며
하늘의 북소리에
내 발걸음을 맞추고 지금 가고 있음이라

11월의 마지막 주일 아침, 대강절(待降節)을 맞이하여 분당으로 내려가는 길엔 잔잔한 성령의 감동을 담아 보슬비가 내린다.

아름다운 교회에 도착하니, 하나님을 만나기 위한 분주한 발걸음들 위로, 예배 시간이 임박했음을 알리는 큰 종소리가 심령을 울린다.

한적한 곳에 거룩한 터를 이루게 하시고, 이제 제4교육관 입당예배까지 마치게 하셨다니 주님의 은총이다.

광야의 외침처럼 여호와의 말씀이 귀한 종의 입술을 통해 영혼을 울려대니, 하나님의 백성들이 마음의 옷깃을 여미고 추호의 미동도 없이 말씀에 집중함을 보니, 성령의 감동하심이라. 할렐루야!

헌금봉헌 시간이 되니, 강단 계단 위에 연약한 무릎들을 헌신의 도구삼아 연로한 할머니 소녀(?)들의 율동이 시작되었다. 핑크빛 티셔츠와 머리에 예쁜 핑크 머리띠를 얹으시고 비록 육신은 좀 뻣뻣해 지셨어도, 하나님 앞에서는 아기가 아닌 자가 뉘런가. 주님 앞에서 저토록 예쁜 재롱으로 찬양을 하시니 "주여 이 교회를 받으소서! 우리 모두를 받으소서!! 할렐루야!"

하나님의 시간

지난 밤
비바람 거세게 불어 닥치고
검은 폭풍우에 휘감겨
찢긴 마음이 길을 잃었나이다
암흑 속에서 손을 크게 휘저어 보아도
터럭 하나 잡힘 없는 녹슨 희망들
주여
우는 자를 위하여 오소서 오소서

아직 다 내려놓지 못한
초라하기 그지없는 자아
교만의 굴레로 덮여있는 본성의 똬리를 던지고
하나님의 시간에 발을 맞추려 하나이다
허나
주님께서 때를 늦추시면
할례의 고통으로 순종의 제물이 되겠나이다

주여
비로소 아버지 뜻을 알게 하시고
유일하신 의인을 보게 하시며

마침내 그 입의 음성을 듣게 하시니
말씀하신 꿈을 이루시어
보고 들은 것에 증인되게 하심이라
우리 앞에 열린 문을 두셨으니
능히 닫을 자가 없으리라

내 작은 능력을 주님께 드리오니
축사하시고 오병이어의 역사를 베푸소서
평안의 띠 띠우시고
나를 웃게 하시니
듣는 자가 다 와서 함께 웃어
큰 잔치의 기쁨으로 노래하리라

50

2011. 12. 4 | 사랑의교회 | 오정현 목사님

·본문: 창 21:1–8　**·설교제목**: 말씀하신 꿈을 이루시는 하나님

영성 나들이 50주가 되는 날 주일 아침, 가장 무거운 마음 일 때 나는 어느 교회를 찾아 예배할 것인가?

기도하였지만, 내 마음을 살필 여유도 없이, 어느새 평소 담임 목사님과 성도들의 찬양하는 모습에서 큰 은혜를 받아 온 이 교회로 향하고 있었다. 말씀에서 큰 위로와 힘을 얻은 것은 물론이고, 때마침 오늘 성가대의 찬양 중에 "우는 자를 위하여 오소서 오소서…" 주님의 음성으로 들려 한없이 눈물을 흘렸다.

이제 나의 남은 인생을 하나님의 시간으로 가득 채우리라 다짐하며 '주 날개 밑에서 쉼을 얻는 평안'이 넘쳐나는 축복을 누렸다.

귀한 목사님, 귀한 성도들의 간절한 기도대로 이 민족과 세계를 위한 거룩한 터전–새 성전–이 은혜 가운데 아름답게 건축될 것을 기도하였다.

하늘나라의 대사

그는 기묘자라 모사라
영원한 생명,
삶의 이유,
알 수 없는 기쁨입니다

골고다 언덕
누구나 침 뱉고 누구나 때리도록
거기 나지막한 십자가 세우고
고통과 찢겨지는 수치의 아픔
모든 사람을 대신해 죽으셨으니
모든 사람이 죽은 것이라

모든 죄를 용서하시고
영원한 생명을 주시었으니
보라 새로운 피조물이라
화목케 하는 직분을 주심이요
화목케 하는 말씀을 부탁하시니라

천사들에게 주신 것이 아니요
너에게 주셨으니

이 진리를 증거하는 사역이요
그리스도의 대사라
하나님의 사랑의 강권으로
부름 받은 자여
그 사랑을 전하기에 온전히 힘쓰라

질그릇인 너에게,
부러지고 어그러진 우리에게
그의 능력의 옷 입히시고
티요, 검불인 우리에게 역사하심이라
그저 아무것도 아닌 우리를 사용하시는
날마다 눈물겨운 크나큰 은총

하늘나라의 보석을 한 보따리씩 쏟아내듯, 귀한 원로목사님의 설교는 이미 정평이 나있는지라, 더 큰 사모함으로 말씀을 고대하며 분당성전으로 들어섰다. '민족을 치유하고 세상을 변화시키는 교회'에는 오늘도 신실한 성도들로 가득하다. 그러나 주님은 오늘 색다른 은혜를 예비하셨고, 미국 남침례교 신학교의 총장님을 강단에 세우시고 , 담임 목사님의 영감 넘치는 통역을 통해 큰 은혜를 주셨으니 이 또한 감사한 일이 아닌가. 비옵기는 미국 '미드 웨스턴 침례 신학대학원'에 세워질 원로목사님 기념채플이 아름답고 은혜롭게 완성되어 하나님께 큰 영광이 되기를 기도 한다.

목자들의 크리스마스

아버지 안에서 우연이란
본디 없는 것
베들레헴 나심도 깊은 섭리라

나귀 구유에 누우셨으니
낮고 천한 자를 위로하실
끝이 없는 사랑의 눈높이

가장 기쁜 소식을
가장 귀한 소식을 먼저 들은 자여
그는 성 밖의 사람들
버림 받은 자요 약자라
삶을 버리고 달려가는 복 된 걸음
메시아를 먼저 만나는 크나큰 은총

한 아기로 우리에게 나셨으니
하나님의 영광이
우리의 평화로 이어지는 사랑의 끈을 보라
주님만 영광을 받으소서
온누리에 울리는 평화의 종소리

52

2011. 12. 18 | 온누리교회 양재성전 | 이재훈 목사님

• **본문**: 눅 2:8–20 • **설교제목**: 목자들의 크리스마스

영성 나들이 52주 마지막 주일 예배. 기도 가운데, 올 여름 천국가신 존경하는 하용조 목사님께서 사역하시던 또 다른 교회(양재성전)로 향했다.

거룩한 바통을 물려 받으신 이재훈 담임목사님께 감히 힘을 실어 드리고픈 마음이랄까, 양재역 근처의 조용한 동네 가운데 우뚝 서 있는 교회를 보며, 이제 새로운 지도자를 따라 아름답게 하나님의 뜻을 펼쳐갈 담대함의 은혜가 느껴졌다. 기대하던 내로 귀한 담임목사님은 상승장군 여호수아처럼, 거룩한 기백이 느껴지니 얼마나 감사하고, 하나님의 은혜런가.

잘 준비되고 훈련된 성도님들과 함께, 더 큰 역사를 이루어 갈 것을 믿어 의심치 않는다. 성탄절을 한 주 앞두고 이 땅에 평강의 왕으로 오신 주님의 사랑과 은총이 귀한 교회와 목사님과 모든 성도들에게 넘치기를 기도한다.

할렐루야!!